OCHSCHULE

INZER“

R DES
IENSTORDENS IN GOLD

Dieter Reinhardt

Meine Zeit - 1980–1990

Offiziershochschule „Otto Winzer“

ISBN: 3-920621-09-3

Impressum
Erschienen: Dezember 2003 - erste Auflage
Herausgeber: KulturKunststatt Prora, Objektstraße, 18609 Binz
Verlag: Edition Stadt + Buch, Tonstraße 10, 32609 Hüllhorst
Gestaltung und Druck: Gedrucktes aus Hüllhorst, 32609 Hüllhorst

Dank und Anerkennung des Autors dem Förderer der KulturKunststatt Prora
Kurt Meyer für das Engagement zur Traditionspflege.

Dieter Reinhardt

Meine Zeit

Band 2 - 1980–1990

OFFIZIERSHOCHSCHULE

„OTTO WINZER"

TRÄGER DES
VATERLÄNDISCHEN VERDIENSTORDENS IN GOLD

Ausbildung ausländischer Militärspezialisten durch die Nationale Volksarmee

Seite

1. Vorbemerkungen

Spätestens am 2. Oktober 1990 festigte sich der Gedanke und die Überzeugung, mein Leben und die Geschichte der Offiziershochschule „Otto Winzer“ sowie den historischen Beitritt der DDR zur BRD und die weitere Entwicklung der Einheit Deutschlands zu dokumentieren und in einem Buch niederzuschreiben.

Der 2. Oktober 1990, der letzte Tag der DDR, war der Tag, wo es um 10.00 Uhr für alle Angehörigen der Offizierhochschule „Otto Winzer“ hieß, im Klubhaussaal Platz zu nehmen. Durch den Leiter der Allgemeinen Abteilung Oberst Birn im Beisein des Leiters der Abt. Kader der OHS OSL Lorenz wurde der Befehl zur Auflösung der Offiziershochschule interpretiert und die Versetzung aller Zivilbeschäftigten und nicht zur Übergabe benötigten Militärangehörigen in die so genannte Warteschleife verkündet. Für mich war es also der Tag, wo sich mein Schicksal als Leiter des Lehrstuhls Mathematik-Naturwissenschaften/Ingenieurtechnische Grundlagen (MNW/ITG) vollzog, der Lehrstuhl also aufgelöst wurde und fast alle Mitarbeiter in die Warteschleife gingen. Durch Befehl wurde das Nachkommando gebildet, welches den Prozess der Auflösung der Offiziershochschule zu organisieren und die Übergabe der Ausbildungsbasis vorerst an die benachbarte Militärtechnische Schule Erich Habersaath zu vollziehen hatte. Alles andere sollte sich in naher Zukunft klären, wenn am 3. Oktober 1990 der Beitritt der DDR zur BRD erfolgt sei, waren die verabschiedenden Worte oben genannter Herren. Erwartet wurde eine solche oder ähnliche Entscheidung schon mehrere Monate resultierend aus der Entwicklung in der DDR und in der NVA.

Diesen Entwicklungsprozess möchte ich im Detail im Teil I meines Buches darstellen, der meine persönliche, sehr abwechslungsreiche Geschichte vom Beginn meiner Schulzeit in der Knabenschule Thale/Harz 1942, über meine gesamte Zeit bei der KVP und NVA, die Entlassung als Oberst der NVA am 1. September 1986 und die Aktivitäten als Abgeordneter des Rates der Gemeinde Binz, stellvertretender ehrenamtlicher Bürgermeister des Ortsteiles Prora und Vorsitzender der Mietermitverwaltung der Südstraße Prora bis zum 2. Oktober 1990 erfassen wird.

Den Teil II des Buches werde ich als Autor nutzen, um die historische Dokumentation der Offiziershochschule „Otto Winzer“ in Prora vorzunehmen für den Zeitraum ihrer Existenz von 1980-1990, also herausgelöst aus meinem im Teil I dargestellten Lebensabschnitt. Dazu habe ich mit einer Reihe von Zeitzeugen gesprochen und kann mich auf spezielle Zuarbeit zum Problemkreis der internationalen Aufgaben der Offiziershochschule „Otto Winzer“ und der NVA durch Oberst a. D. Karl-Heinz Beinhoff stützen.

Die Zuarbeit zum Komplex der Exkursionen der Ausländischen Militärkader in Betriebe und Einrichtungen der DDR sowie zu den jährlich veranstalteten Festen der Internationalen Freundschaft hat der Oberst a. D. Gerhard Schnabel vorgenommen.
Den Freizeit- und Dienstsport sowie die gesamte Militärische Körperertüchtigung (das Ausbildungsfach nannte sich MKE) hat der ehemalige Fachgruppenleiter MKE OSL a. D. Wolfgang Buchhester dargestellt.
Obengenannten Herren bin ich auch zu Dank verpflichtet für ihre konstruktiven Hinweise und Ideen sowie kritischen Anmerkungen der parallel zum Buchmanuskript entstandenen Museumskonzeption, die im Auftrag des Förderers und Eigentümers der „KulturKunststatt Prora" Kurt Meyer von seinem Mitarbeiter OSL a. D. Horst Harrfeldt in die Praxis umgesetzt wurde.
Gleichzeitig muss ich Dank sagen für die umfassende Sammlung von musealen Ausstellungsstücken, von Ehrengeschenken, über Literatur, Bilder bis hin zu persönlichen Briefen und Geschenken, die die oben genannten ehemaligen Offiziere zur Verfügung gestellt haben. Stellvertretend für viele Spender möchte ich Dank sagen den ehemaligen Offizieren der NVA OSL a. D. Händler, Oberst a. D. Siegel, OSL a. D. Borchert, Generalmajor a. D. Geisler, die sich von Erinnerungsstücken, Briefen und Bildmaterial getrennt haben, um damit der Nachwelt Geschichte an Sachzeugen zu erläutern.

Der Teil III meines Buches wird den Einsatz des ehemaligen Oberst der NVA und Professors des Lehrstuhls MNW/ITG nach der Warteschleife in der vereinigten Bundesrepublik Deutschland, insbesondere seine Tätigkeit als 18. hauptamtlicher Bürgermeister des Ostseebades Binz von 1994-2001 behandeln.
Dabei wird die Auseinandersetzung mit den vielfältigsten Ideen, Konzeptionen und Vorstellungen von Investoren und Politikern zur Entwicklung der ehemaligen KdF-Anlage in Prora einen großen Raum einnehmen. Das erfordert gleichzeitig eine kritische Auseinandersetzung mit Autoren, die den Vereinigungsprozess und ihre Tätigkeit als Aufbauhelfer in den neuen Bundesländern in der Nachwendeliteratur veröffentlicht haben.

OFFIZIERSHOCHSCHULE
„OTTO WINZER"
TRÄGER DES
VATERLÄNDISCHEN VERDIENSTORDENS IN GOLD

2. Otto Winzer – kurzer Lebenslauf

Otto Winzer wurde am 03.04.1902 in Berlin geboren und starb am 03.03.1975. Er erlernte den Beruf eines Schriftsetzers. In einer Berliner Arbeiterfamilie aufgewachsen, begann er frühzeitig an den politischen Kämpfen seiner Klasse teilzunehmen. Im Jahre 1919 trat er der Freien Sozialistischen Jugend bei und wandte sich später der Kommunistischen Partei zu. 1922 wählte man Winzer in die Bezirksleitung Berlin-Brandenburg des KJVD. Die Kommunistische Partei schickte Otto Winzer 1935 nach Frankreich, Holland und in die UdSSR, um aus der Illegalität den Kampf gegen den Faschismus zu führen. Nach dem Ende des 2. Weltkrieges stieg Otto Winzer wieder aktiv und legal in die deutsche Politik ein und wurde 1945/46 Stadtrat für Volksbildung im Magistrat von Groß-Berlin, 1946/48 Stadtverordneter in Berlin, 1947/49 Leiter der Abteilung Presse, Rundfunk, Agitation beim Parteivorstand der SED und 1949 stellvertretender Chefredakteur des Neuen Deutschland. In den Jahren 1949 bis 1956 arbeitete er als Staatssekretär und Chef der Privatkanzlei des 1. Präsidenten der DDR Wilhelm Pieck. Er wurde Stellvertreter des Ministers und Staatssekretär im Außenministerium und 1965 Minister für Auswärtige Angelegenheiten der DDR.

Winzer erwarb in den 10 Jahren seiner Tätigkeit als Minister große Verdienste um die Festigung der internationalen Stellung der DDR. Seine konsequente Politik der friedlichen Koexistenz war das Fundament für die Zusammenarbeit mit den Staaten Afrikas, Asiens und Lateinamerikas. Er durchbrach 1973 die Blockade und Boykottpolitik durch die Aufnahme der DDR in die UNO.
Winzer erklärte vor der XXVIII. Vollversammlung der Vereinten Nationen, dass die DDR „weiterhin eine aktive Politik des Friedens und der Völkerverständigung, der friedlichen Koexistenz und der gleichberechtigten Zusammenarbeit der Staaten und Völker betreiben wird".
Dass Otto Winzer die Delegation des sozialistischen deutschen Staates zu dieser UNO-Tagung führen konnte, die die DDR als 133. Mitgliedsstaat der UNO bestätigte, gehörte bestimmt zu den bewegendsten Augenblicken im Leben Winzers.

Mehr als 130 Staaten unterhielten durch seine Politik diplomatische Beziehungen zur DDR als Staat des Friedens, der Stabilität und der Zusammenarbeit in Europa, wie es mehrfach von der Partei und Staatsführung eingeschätzt wurde. Sein kampferfülltes Leben und Wirken für den „Siegeszug des Sozialismus" rechtfertigte die Verleihung seines Namens an die Hochschule der Nationalen Volksarmee in Prora für die Heranbildung von Ausländischen Militärkadern (AMK) im Jahre 1981. (Bild 1)

Bild 1 • Otto Winzer

3. Allgemeiner Aufbau der Offiziershochschule „Otto Winzer"

Am 9.12.1981 eröffnete im Auftrag des Ministers für Nationale Verteidigung der Stellvertreter des Ministers und Chef der Landstreitkräfte, Generaloberst Stechbarth, die Offiziershochschule. Er verlieh ihr den Traditionsnamen „Otto Winzer" und übergab die Truppenfahne. Gleichzeitig erhielt sie durch den Stellvertreter des Ministers für das Hoch- und Fachschulwesen der DDR, Prof. Dr. Heidorn, den Status einer Hochschule. Mit diesem feierlichen militärischen Zeremoniell und akademischen Festakt, an dem der Lehrkörper und die bereits als Offiziersschüler anwesenden ausländischen Militärkader sowie als Zuschauer die an der Offiziershochschule Beschäftigten teilnahmen, begann ein neuer Abschnitt in der Entwicklung des Hochschulwesens der NVA. Auf Empfehlung des Vorsitzenden des Nationalen Verteidigungsausschusses der DDR erließ der Minister für Nationale Verteidigung den Befehl 113/80 zum Aufbau einer Offiziershochschule für die Heran- und Weiterbildung ausländischer Militärkader der Landstreitkräfte. Damit wurde der NVA nach 25 Jahren ihrer eigenen nationalen Entwicklung zu einer modernen Armee, die durch vertragliche Regelungen mit den

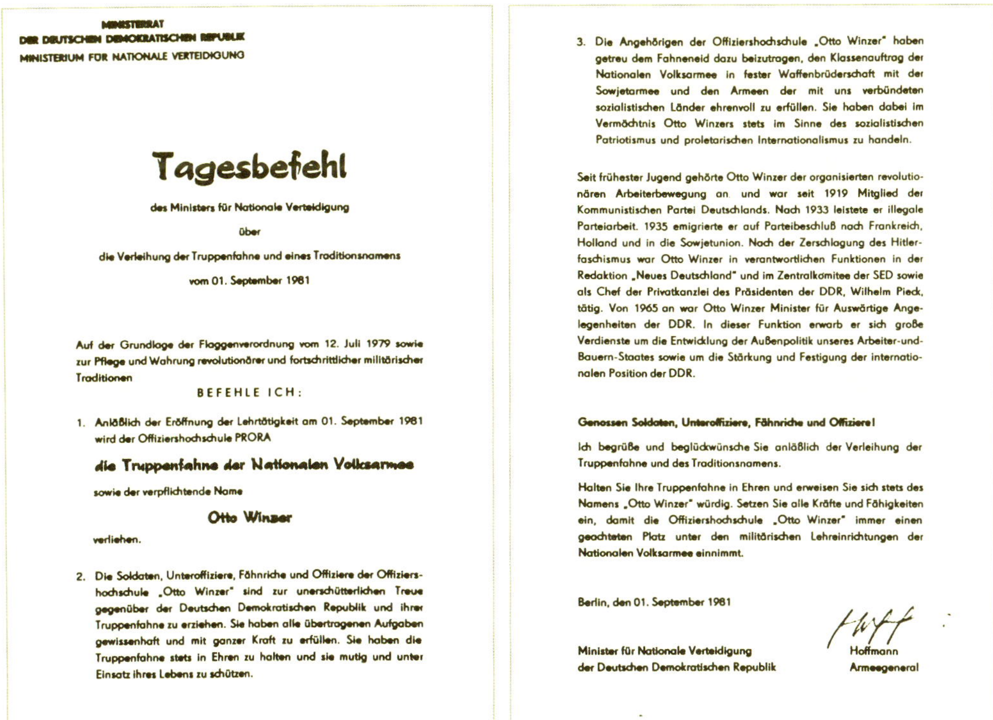

MINISTERRAT
DER DEUTSCHEN DEMOKRATISCHEN REPUBLIK
MINISTERIUM FÜR NATIONALE VERTEIDIGUNG

Tagesbefehl

des Ministers für Nationale Verteidigung

über

die Verleihung der Truppenfahne und eines Traditionsnamens

vom 01. September 1981

Auf der Grundlage der Flaggenverordnung vom 12. Juli 1979 sowie zur Pflege und Wahrung revolutionärer und fortschrittlicher militärischer Traditionen

BEFEHLE ICH:

1. Anläßlich der Eröffnung der Lehrtätigkeit am 01. September 1981 wird der Offiziershochschule PRORA

   die Truppenfahne der Nationalen Volksarmee

   sowie der verpflichtende Name

   Otto Winzer

   verliehen.

2. Die Soldaten, Unteroffiziere, Fähnriche und Offiziere der Offiziershochschule „Otto Winzer" sind zur unerschütterlichen Treue gegenüber der Deutschen Demokratischen Republik und ihrer Truppenfahne zu erziehen. Sie haben alle übertragenen Aufgaben gewissenhaft und mit ganzer Kraft zu erfüllen. Sie haben die Truppenfahne stets in Ehren zu halten und sie mutig und unter Einsatz ihres Lebens zu schützen.

3. Die Angehörigen der Offiziershochschule „Otto Winzer" haben getreu dem Fahneneid dazu beizutragen, den Klassenauftrag der Nationalen Volksarmee in fester Waffenbrüderschaft mit der Sowjetarmee und den Armeen der mit uns verbündeten sozialistischen Länder ehrenvoll zu erfüllen. Sie haben dabei im Vermächtnis Otto Winzers stets im Sinne des sozialistischen Patriotismus und proletarischen Internationalismus zu handeln.

Seit frühester Jugend gehörte Otto Winzer der organisierten revolutionären Arbeiterbewegung an und war seit 1919 Mitglied der Kommunistischen Partei Deutschlands. Nach 1933 leistete er illegale Parteiarbeit. 1935 emigrierte er auf Parteibeschluß nach Frankreich, Holland und in die Sowjetunion. Nach der Zerschlagung des Hitlerfaschismus war Otto Winzer in verantwortlichen Funktionen in der Redaktion „Neues Deutschland" und im Zentralkomitee der SED sowie als Chef der Privatkanzlei des Präsidenten der DDR, Wilhelm Pieck, tätig. Von 1965 an war Otto Winzer Minister für Auswärtige Angelegenheiten der DDR. In dieser Funktion erwarb er sich große Verdienste um die Entwicklung der Außenpolitik unseres Arbeiter-und-Bauern-Staates sowie um die Stärkung und Festigung der internationalen Position der DDR.

Genossen Soldaten, Unteroffiziere, Fähnriche und Offiziere!

Ich begrüße und beglückwünsche Sie anläßlich der Verleihung der Truppenfahne und des Traditionsnamens.

Halten Sie Ihre Truppenfahne in Ehren und erweisen Sie sich stets des Namens „Otto Winzer" würdig. Setzen Sie alle Kräfte und Fähigkeiten ein, damit die Offiziershochschule „Otto Winzer" immer einen geachteten Platz unter den militärischen Lehreinrichtungen der Nationalen Volksarmee einnimmt.

Berlin, den 01. September 1981

Minister für Nationale Verteidigung
der Deutschen Demokratischen Republik

Hoffmann
Armeegeneral

Bild 2 • Tagesbefehl des Ministers für Nationale Verteidigung vom 01.09.1981

Streitkräften des Warschauer Vertrages verbunden war, eine internationalistische Aufgabe übertragen. Die Angehörigen der Landstreitkräfte der NVA erhielten den Auftrag, die Bildung und Erziehung von Offizieren Nationaler Armeen von Ländern und Organisationen Afrikas, Asiens und Lateinamerikas durchzuführen. Der erreichte Stand des technischen Fortschrittes, die sprunghafte qualitative und quantitative Veränderung der Militärtechnik und ihre Auswirkungen auf die Formen und Methoden des bewaffneten Kampfes, ermutigten die Nationalen Streitkräfte verschiedener Länder Afrikas, Asiens und Lateinamerikas, ihre relativ jungen unqualifizierten Soldaten mit einem modernen militärischen Wissen und Können ausrüsten zu lassen, um dann in ihren eigenen Armeen als Offiziere und Ausbilder zu fungieren. (Bild 2 – 8)

Die Offiziershochschule „Otto Winzer“ wurde vor eine komplizierte Aufgabe gestellt, nicht deutschsprachige Militärkader in kürzester Zeit an die erforderlichen Sprachkenntnisse der deutschen Sprache und die mathematisch-naturwissenschaftlichen und ingenieurtechnischen Grundlagen sowie die militärischen Kenntnisse und die dazu erforderliche Körperertüchtigung heranzuführen.

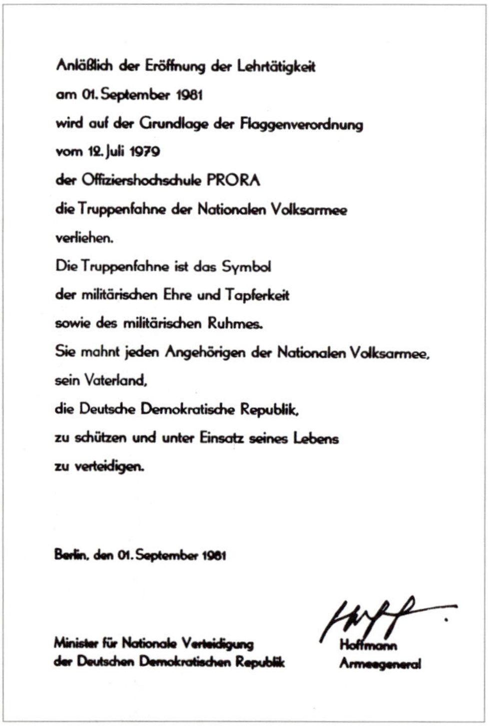
Anläßlich der Eröffnung der Lehrtätigkeit
am 01. September 1981
wird auf der Grundlage der Flaggenverordnung
vom 12. Juli 1979
der Offiziershochschule PRORA
die Truppenfahne der Nationalen Volksarmee
verliehen.
Die Truppenfahne ist das Symbol
der militärischen Ehre und Tapferkeit
sowie des militärischen Ruhmes.
Sie mahnt jeden Angehörigen der Nationalen Volksarmee,
sein Vaterland,
die Deutsche Demokratische Republik,
zu schützen und unter Einsatz seines Lebens
zu verteidigen.

Berlin, den 01. September 1981

Minister für Nationale Verteidigung
der Deutschen Demokratischen Republik

Hoffmann
Armeegeneral

Bild 3 • *Befehl über die Verleihung der Truppenfahne vom 01.09.1981*

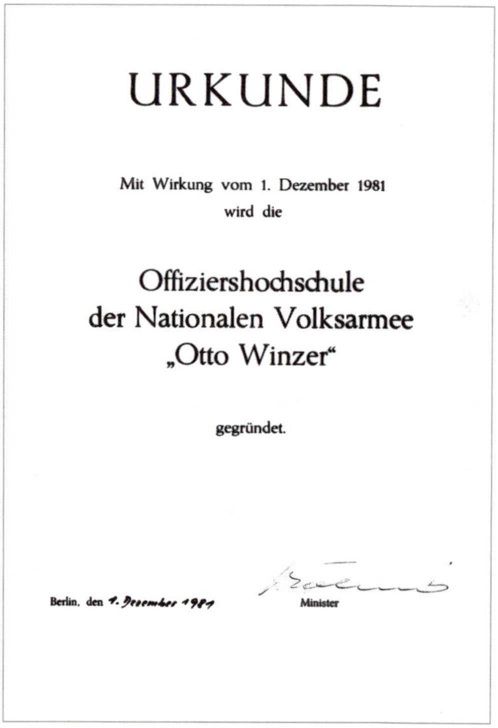
URKUNDE

Mit Wirkung vom 1. Dezember 1981
wird die

Offiziershochschule
der Nationalen Volksarmee
„Otto Winzer“

gegründet.

Berlin, den 1. Dezember 1981

Minister

Bild 4 • *Gründungsurkunde der Offiziershochschule vom Minister für das Hoch- und Fachschulwesen Böhme vom 01.12.1981*

Bild 5a, b • Übergabe der Truppenfahne durch Generaloberst Stechbarth am 09.12.1981

Die Vorstudienanstalt in Naumburg, die bereits Erfahrungen gesammelt hatte mit Fremdsprachenlehrgängen in Russisch, Englisch und Französisch für Offiziere der NVA, die ein Studium im Ausland aufnehmen sollten, wurde in den Prozess der Ausbildung „Deutsch als Fremdsprache“ (DaF) einbezogen. Sprachlehrer aus dem Bereich der Volksbildung, die selbst mindestens eine oder mehrere Fremdsprachen beherrschten, wurden als Lehrer im Hochschuldienst für diese Ausbildung eingesetzt. Bereits einige Jahre vor Gründung der Offiziershochschule „Otto Winzer“ wurde diese Form der einjährigen Sprachausbildung praktiziert.

Die benachbarte Militärtechnische Schule sowie die Offiziershochschule der Landstreitkräfte „Ernst Thälmann“ wurden mit Sonderlehrgängen zur Ausbildung ausländischer Militärkader beauftragt. Diese Sonderlehrgänge aus der VR Kongo und VR Vietnam waren Vorläufer der OHS „Otto Winzer“. (Bilder 9, 10a, 10b, 10c). Mit Gründung der Hochschule in Prora wurden die unvollendeten Sonderlehrgänge an dieser Hochschule fortgesetzt. Gleichzeitig stießen neue Militärkader aus der Volksrepublik Mocambique und der Volksdemokratischen Republik Jemen an die Hochschule. Die Nationen delegierten sehr unterschiedliche Anzahlen an Studierenden, die dann entsprechend

Bild 6 • Vorbeimarsch nach Eröffnung der Offiziershochschule am 09.12.1981

Bild 7 • Prof. Dr. Heidorn und Generaloberst Stechbarth im Gespräch mit Offizieren am 09.12.1981

Bild 8 • Der Chef Landstreitkräfte Generaloberst Stechbarth im Gespräch mit einem OS aus der VR Kongo

Bild 9 • Eine Gruppe AMK der VR Kongo im Sonderlehrgang an der MTS 1980

der Forderungen der Entsendeländer in militärische Einheiten nach Profilgruppen eingeteilt wurden. Sie wurden in Ausbildungskompanien zusammengefasst und in geschlossenen Kompanieunterkunftsbereichen eingewiesen. Die „studentische Seminargruppe“ wurde nach Ausbildungsprofil analog als Gruppe bezeichnet. Mit der Eröffnung der Hochschule wurden die 1. und 2. Ausbildungskompanie gebildet. Dem Kompaniechef stand jeweils als nationaler Ansprechpartner der Nationalitätenälteste zur Seite.

Im Laufe der Zeit erhöhte sich die Anzahl der Ausbildungskompanien mit dem Anwachsen der Nationen auf insgesamt sechs bei siebzehn Nationen. Die anwesenden Nationen mit ihren wichtigsten statistischen Daten und länderspezifischen Informationen zum Zeitpunkt der Eröffnung der Hochschule (1981) sind in einem nachfolgenden Kapitel zusammengefasst.
Die Ausbildung aller Gruppen erfolgte auf der Grundlage von „Programmen für die Heranbildung Ausländischer Militärkader“, die vom Ministerrat der DDR, Ministerium für Nationale Verteidigung herausgegeben wurden. (siehe Bild Nr. 11)

Bild 10a, b • AMK aus Vietnam im Sonderlehrgang an der Offiziershochschule der Landstreitkräfte „Ernst Thälmann“ 1979

Bild 10c • AMK aus Vietnam bei der Schießausbildung 1979

MINISTERRAT
DER DEUTSCHEN DEMOKRATISCHEN REPUBLIK
MINISTERIUM FÜR NATIONALE VERTEIDIGUNG

Tgb.-Nr.:
Az.: 57 01 00

PROGRAMM
für die
HERANBILDUNG
AUSLÄNDISCHER MILITÄRKADER

TEIL I-XIV

– Allgemeingültige Ausbildungsfächer –
Buch 1

1981

Bild 11 • Deckblatt des Programms für die Heranbildung von AMK

Da zu Beginn des Studiums für alle Militärkader die Sprachausbildung begann, wurde als erstes das Programm für die allgemeingültigen Ausbildungsfächer vom Stellvertreter des Ministers und Chef der Landstreitkräfte zum 1.6.1981 in Kraft gesetzt. Darin waren alle Ausbildungsfächer einheitlich gegliedert in:

- Zielstellung
- Organisatorisch-methodische Anweisungen
- Themeninhalte
- Literatur

Die organisatorische Anweisung für den Grundkurs mit einer Gesamtzeit von 1600 Ausbildungsstunden gliederte sich in nachfolgende Fächer:

- Deutsche Sprache	1080 Stunden
- Mathematisch-naturw. Weiterbildung	160 Stunden
- Politische Ausbildung	180 Stunden
- Militärische Grundausbildung	90 Stunden
- Physische Ausbildung (Sport)	90 Stunden

und war insgesamt in 10 Punkten zusammengefasst, die für das Lehrpersonal Handlungsanweisung waren (siehe Bild Nr. 12). Nach erfolgreicher Sprachprüfung im Grundkurs begann das Studium in der Fachausbildung je nach Profil der Waffengattung, Spezialtruppen und Dienste entsprechend der Verträge über 1, 2 oder 3 Studienjahre.

Auch dem Studium im Spezialkurs war ein einheitlicher Programmteil zu den Fachgebieten:

- Fallschirmsprungausbildung
- Mathematisch-naturw. und ingenieurt. Ausbildung
- Militärische Sprengtechnik
- Spezialausbildung für den Kraftfahrer
- Physische Ausbildung vorangestellt.

(siehe Bild 12 Organisatorische Anweisungen im Grundkurs)

Anlagen dieses Programms waren:

- Plan der Fahrübungen
- Plan der Schießübungen
- Plan der Sprungübungen
- Plan der Anschauungssprünge
- Plan der Lehrfilme.

Organisatorische Anweisungen im Grundkurs (Auszug aus dem Programm für Teil A)

(1) Im Teil A sind alle Ausbildungsfächer enthalten, die in der Zeit der einjährigen Deutschausbildung neben dieser und der politischen Ausbildung durchzuführen sind.

(2) Die politische Ausbildung ist auf der Grundlage des durch den Stellvertreter des Ministers und Chef der politischen Hauptverwaltung bestätigten Programms durchzuführen.

(3) Die Ausbildung im Ausbildungsfach „Deutsche Sprache“ wird auf der Grundlage des durch den Hauptinspekteur der NVA erlassenen Programms durchgeführt.

(4) Die Ausbildung im Ausbildungsfach „Deutsche Sprache“ ist bestimmend für die Planung und richtungsweisend für die Gestaltung aller weiteren Ausbildungsmaßnahmen.

(5) Bei der Planung der Ausbildung ist die Folgerichtigkeit zwischen den Ausbildungsfächern und -themen zu gewährleisten. Die Reihenfolge der Themen in den Themenübersichten entspricht der Folgerichtigkeit.

(6) Der Kommandeur der Schule hat das Recht:
- innerhalb der Ausbildungsfächer die den Themen zugeordneten Stunden zu präzisieren;
- die zu erfüllenden Normen festzulegen;
- Art und Nutzungsumfang der benötigten Technik, der Munition, Imitationsmittel, Lehrfilme und anderen Ausbildungsmittel im Rahmen des vorgegebenen Limits festzulegen.

(7) Zur Vermeidung besonderer Vorkommnisse beim Umgang mit Waffen, Kampftechnik und Imitationsmitteln sind die Lehrgangsteilnehmer entsprechend den militärischen Sicherheitsbestimmungen zu belehren.

(8) Die sprachlichen Voraussetzungen der Offiziersschüler sind dadurch zu berücksichtigen, dass vorwiegend solche Ausbildungsformen wie Unterrichtsgespräche, praktische Übungen u. a. Formen stark tätigkeitsbetonter Ausbildung angewandt werden.

(9) Die praktische Ausbildung ist in folgender Reihenfolge durchzuführen:
- Vorbildliche Demonstrationen mit kurzen Erläuterungen durch den Ausbilder;
- Üben der demonstrierten Handlungen durch die Offiziersschüler, zunächst teilweise, danach im Ganzen;
- Überprüfung der richtigen Ausführung der Handlungen durch den Ausbilder und Korrektur;
- weiteres Üben bis zur Herausbildung von Fertigkeiten;

(10) In der Zeit der einjährigen Deutschausbildung ist folgende Stundenberechnung nach Ausbildungsgebieten verbindlich:

- Deutsche Sprache	1080 Stunden
- Mathematisch-naturw. Weiterbildung	160 Stunden
- Politische Ausbildung	180 Stunden
- Militärische Grundausbildung	90 Stunden
- Physische Ausbildung	90 Stunden
Gesamtzeit	**1600 Stunden**

Bild 12 • Organisatorische Anweisungen im Grundkurs (10 Punkte)

Am Beispiel der Zeitberechnung nach Ausbildungsfächern soll der Überblick für die mathematisch-naturwissenschaftliche und ingenieurtechnische Ausbildung gegeben werden, da das für die zivilrechtliche Anerkennung einer an militärischen Hochschuleinrichtungen erworbenen Qualifikationen vertragliche Voraussetzung war. (Siehe Bild Nr. 13 Tab. 14/1)

Mathematisch-naturwissenschaftliche und ingenieurtechnische Ausbildung (Programmauszug 14/1)

Zeitberechnung nach Ausbildungsfächern

Ausbildungsfach	Ausbildungsdauer					
	Gruppe I		Gruppe II		Gruppe III	
	2 J	3 J	2 J	3 J	2 J	3 J
Mathematik	80	130	180	250	130	180
Physikalische Grundl. d. Technik	60	90	60	90	60	90
Elektrotechnik	40	40	40	40	40	40
Elektronik	40	56	90	200	50	50
Elektr. Maschinen	40	40	60	60	0	40
Technische Systeme	80	130	0	0	130	220
Technische Stoffe	0	0	0	0	40	80
Gesamtlimit Mathematisch-naturwissensch. u.ingenieurt. Ausbildung	300	486	450	700	450	700

Bild 13 • Tabelle 14.1 des Programms „Zeitberechnung"

Die anderen militärischen und militärtechnischen Fächer sind dem jeweiligen Programmteil der Waffengattungen, Spezialtruppen und Dienste zugeordnet.
Alle Freizeitmaßnahmen während des Studiums wie Sport, Exkursionen in Betriebe und Einrichtungen der DDR, Konzerte, Festveranstaltungen sowie nationale Gedenktage der Entsendeländer und von den Nationen veranstalteten Feste der Internationalen Freundschaft wurden dem Hauptziel der Bildung und Erziehung untergeordnet und hatten einen fest geplanten Platz in der Persönlichkeitsentwicklung der AMK.

Ein Vorkommando aus erfahrenen Offizieren (Bild 14) unter Leitung des ehemaligen Stellvertreters des Kommandeurs der MTS für Sicherstellung der Ausbildung begann die baulichen, technischen und organisatorischen Voraussetzungen zu schaffen, in einem Bereich des Objektes Prora, das bis 1980 durch das MSR-29 genutzt wurde. Das MSR-29 wurde im November 1980 an den neuen Standort nach Hagenow verlegt.

Auf Befehl des Ministers für Nationale Verteidigung wurde mit dem Aufbau der Offiziershochschule „Otto Winzer" begonnen. Bereits seit 1980 wurden Militärkader in einem Sonderlehrgang ausgebildet.

Zum Aufbau der Offiziershochschule wurde eine operative Gruppe geschaffen. Ihr gehörten an:

Oberst	Beinhoff, Karl Heinz
Oberstleutnant	Volkmann, Eckhard
Oberstleutnant	Hambsch, Rolf
Oberstleutnant	Birn, Gert
Major	Kümmel, Hansjoachim
Major	Ninnemann, Hansjoachim

Bild 14 • Operative Gruppe zum Aufbau der Offiziershochschule

Bild 15a-c • Lehrklasse Rechentechnik Lehrstuhl 09

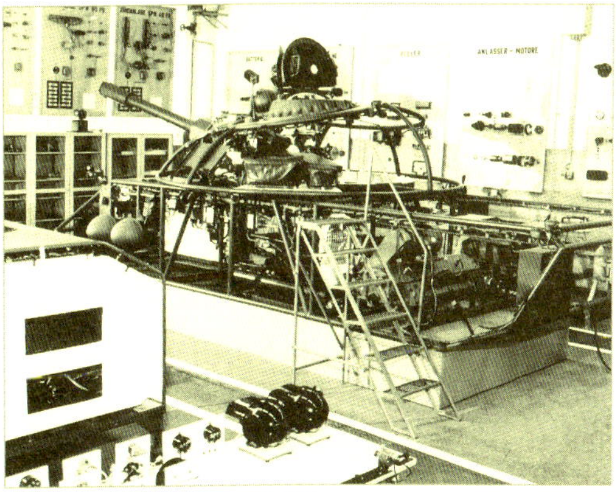
Bild 16 • Lehrklasse 60 PB

Bild 17 • Lehrklasse Panzer

Von der vorgesehenen Reihenfolge des Studienablaufes war klar, dass als erstes die allgemeinen Lehrklassen für die Sprachausbildung (Lehrstuhl 08) und die mathematisch-naturwissenschaftliche und ingenieurtechnische Ausbildungsbasis (Lehrstuhl 09) zu schaffen sind. Im Außenbereich der Kasernenanlage mussten die Anlagen für die Körperertüchtigung errichtet werden, um sowohl für den Frühsport als auch für die Sicherstellung der einzelnen Themen der Physischen Ausbildung zur Verfügung zu stehen. Viele Erfahrungen für diese Basisbereiche lagen zwar von anderen Einrichtungen vor, konnten aber nicht bedenkenlos für die AMK übertragen werden.

An solche modern eingerichteten audiovisuellen Fremdsprachenkabinette oder Speziallabore für Elektrotechnik/Elektronik, Werkstoffkunde/Werkstoffprüfung und Rechentechnik dachte man schon und konzipierte sie für die Ausbildung von Ausländern in kleineren Ausbildungseinheiten bis 15 Studierende.

Man war sich aber auch klar darüber, dass die DDR zwar für das Militärwesen Vieles bereitstellte, was im allgemeinen Bildungswesen „Mangelware" war, aber 1-2 Jahre Wartezeit bei speziellen Ausbildungsgeräten mussten eingeplant und überbrückt werden. (Bilder 15a, b, c, 16, 17, 18, 19, 20) Die Innenbasis für die politische und militärpädagogische Ausbildung, für die Mot.-Schützen und Panzerkommandeure, für die Artilleriekommandeure wurden durch das Lehrpersonal der Lehrstühle 01 bis 05 in Zusammenarbeit mit anderen Lehreinrichtungen und Truppenteilen durchgeführt. Insbesondere wurden die Erfahrungen der Offiziershochschulen „Wilhelm Pieck" und „Ernst Thälmann" sowie der MTS „Erich Habersaath" genutzt. Für den Aufbau der Taktikkabinette sowie des Artilleriepolygons und der Kabinette für Topographie und Vermessung lagen einige Erfahrungen vor.

Komplizierter war es schon, die Techniklehrklassen und den Technikpark für die Profile Raketen- und waffentechnischer Dienst, Kfz- und Panzerdienst einzurichten, weil die Anfertigung der Schnittmodelle für die Großtechnik in den Werkstätten der Militärbezirke und Divisionen vorbereitet wurden. Das gleiche trifft zu für den Lehrstuhl Spezialtruppen und Dienste (Lehrstuhl 07). Großtechnik für die Pionier-, Nachrichten- und chemische Ausbildung wurde mit Hilfe der Truppenunterstützung in Angriff genommen. Die von der Führung der Hochschule konzipierte Außenbasis wurde mit Kommandierungen von Arbeitskräften und eigenen Sicherstellungskräften gebaut. Kfz- und Panzerfahrschulgelände, Taktikplatz, Schießplatz, Artilleriepolygon, Sprengplätze und Plätze für den Chemischen Dienst wurden innerhalb von zwei Jahren komplett ausgebaut, so dass die Nutzung mit Beginn der Spezialausbildung gewährleistet war.

Mit sehr viel Fleiß, Hingabe und Ideenreichtum haben die Militärangehörigen und Zivilbeschäftigten kontinuierlich die Basis vervollkommnet, Lehrmodelle geschaffen und Lehrmaterialien erarbeitet.

Die gesamte Lehrbasis hatte nach vier Jahren ein Niveau erreicht, dass eine Hochschulausbildung, wie sie von den gesetzlichen Bestimmungen verlangt wurde, in vollem Umfang gesichert war.

Bild 18 • Artilleristen am Polygon, Oberst Schoetzke erklärt die Lage

Bild 19 • Artilleristen beim Feuerdienst

Bild 20 • AMK der VDRJ im theoretischen Unterricht

So konnte der Minister für das Hoch- und Fachschulwesen der DDR dem Wissenschaftlichen Rat der Offiziershochschule „Otto Winzer“ zum 1.9.1984 das Recht zur Verleihung der akademischen Grade:

Diplomgesellschaftswissenschaftler
Diplomingenieurpädagoge
Diplomingenieur
Diplomingenieurökonom
Diplomökonom übertragen.
(Bild 21 u. 22)

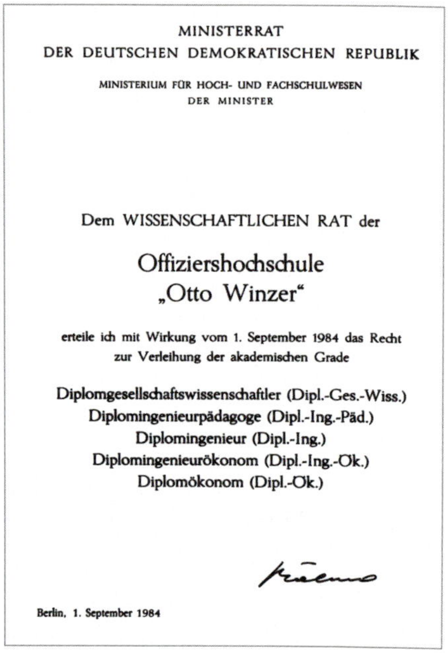

MINISTERRAT
DER DEUTSCHEN DEMOKRATISCHEN REPUBLIK

MINISTERIUM FÜR HOCH- UND FACHSCHULWESEN
DER MINISTER

Dem WISSENSCHAFTLICHEN RAT der

Offiziershochschule
„Otto Winzer“

erteile ich mit Wirkung vom 1. September 1984 das Recht
zur Verleihung der akademischen Grade

Diplomgesellschaftswissenschaftler (Dipl.-Ges.-Wiss.)
Diplomingenieurpädagoge (Dipl.-Ing.-Päd.)
Diplomingenieur (Dipl.-Ing.)
Diplomingenieurökonom (Dipl.-Ing.-Ök.)
Diplomökonom (Dipl.-Ök.)

Berlin, 1. September 1984

Bild 21 • Erteilung des Rechts zur Verleihung erster akademischer Grade durch den Minister für Hoch- und Fachschulwesen vom 26.09.1984

Bild 22 • Am 18. und 19.12.1984 besucht der Minister für Hoch- und Fachschulwesen Prof. Dr. Böhme die Offiziershochschule

4. Personalaufbau und Strukturierung

Die Personaldiskussionen im Bereich der Schulen und der Landstreitkräfte liefen zwar unter strengsten Geheimhaltungsbestimmungen, jedoch auf Hochtouren.
Als Gründungskommandeur wurde der Stellvertreter des Kommandeurs der Offiziershochschule der Landstreitkräfte „Ernst Thälmann“ für Ausbildung und Forschung, Generalmajor Helmut Geisler eingesetzt. Er nahm seine Tätigkeit am Standort Prora erneut am 2. Dezember 1980 auf, nachdem er schon einmal in der Zeit von Sept. 1952-Sept. 1953 als Kommandeur eines Regiments tätig war.
Von der gleichen Hochschule nach Prora befohlen, übernahm am 9.12.1980 der Lehrstuhlleiter Mathematik-Naturwissenschaften und Ingenieurtechnische Grundlagen seine Tätigkeit und am 17.12.1980 der Lehrstuhlleiter Technik und Bewaffnung. Im Januar/Februar 1981 folgten der Stellv. für Ausbildung Oberst Max Ullrich und die Leiter der Lehrstühle 03 und 04 Oberst Goldammer und Oberst Schreier. Die sich unter dem Kommandeur Generalmajor Geisler und seinem Stellvertreter für Sicherstellung der Ausbildung (Oberst Beinhoff) formierende Führung ergänzten weiter:

Oberst Werner Heinig	Stellv. des Kdr. u. Leiter Politabteilung
Oberst Helmut David	Stellv. des Kdr. für Rückwärtige Dienste
Oberstltn. Gerd Birn	Leiter der Abteilung für Allgemeine Aufgaben.

Sie alle arbeiteten an den speziellen Strukturen der künftigen Ausbildungsprofile in Form der Lehrstühle und Fachgruppen sowie der Schülereinheiten als Ausbildungskompanien.

Parallel dazu wurde die Innenbasis und die Außenbasis konzipiert und mit Zuführung der Technik und Bewaffnung für die Waffengattungen, Spezialtruppen und Dienste durch den Stellvertreter für die Sicherstellung der Ausbildung realisiert, wie bereits beschrieben wurde.
Die Außenbasis umfasste Plätze zum Schießen mit Handfeuerwaffen und aus Panzern und Artilleriewaffen nur mit Maschinengewehren und Kleinkaliberwaffen im Artilleriepolygon, Fahrschulstrecken für Panzer, SPW, Kfz, Pioniermaschinen, Sprengplätze, Plätze für chemische Abwehr und taktische Ausbildung.

Die Innenbasis wurde durch den Umbau und die Modernisierung der vorhandenen Räume in moderne Lehrklassen und Fachkabinette umgestaltet, die es gestatteten, nachfolgende Profile der Waffengattungen, Spezialtruppen und Dienste der ausländischen Militärkader auszubilden:

1. Politoffiziere
2. Kommandeure von Motorisierten Schützeneinheiten
3. Panzerkommandeure
4. Artilleriekommandeure
5. Offiziere des waffentechnischen Dienstes
6. Offiziere des kfz.technischen Dienstes
7. Offiziere des panzertechnischen Dienstes
8. Offiziere des rückwärtigen Dienstes
9. Offiziere des chemischen Dienstes
10. Kommandeure von Nachrichteneinheiten
11. Kommandeure von Pioniereinheiten

Die notwendigen Spezialisierungen für die Handhabung verschiedener Technik und Ausrüstung der Waffengattungen und Dienste der zu erwartenden Militärkader konnte zum Zeitpunkt der Eröffnung der Hochschule nur erahnt werden, da weder Lehroffiziere der NVA in den Entsendeländern tätig waren, noch genügend gesicherte Informationen aus den Ländern zur Verfügung standen.
Die Hauptaufgabe beim Aufbau der Lehrstühle und des Führungsstabes bestand im ständigen Vervollkommnen von Informationen über die jeweiligen Länder, die potentiell Entsendeländer werden könnten, da dem Lehrkörper aus verschiedenen Gründen Entscheidungen des MfNV und anderer Fachvorgesetzter erst kurz vor dem Eintreffen der AMK zur Verfügung standen.
Sehr gute Erfahrungen gab es über die Entwicklung des Militärwesens in Vietnam durch den Aufbau einer Hochschule in Saigon und den Besuch vieler Militärspezialisten in Vietnam, die zu ersten Verallgemeinerungen führten.

Eine Darstellung zu den internationalen Aufgaben außerhalb der OHS erfolgt im Kapitel – Internationale Aufgaben –.

5. Der Aufbau der Lehrstühle und ihre Zusammenarbeit mit anderen Einrichtungen

Die Führung orientierte bei der Strukturierung der Lehrstühle auf eine breite Allgemeinbildung mathematisch-naturwissenschaftlicher und ingenieurtechnischer Grundlagen sowie ausreichend disponibler militärischer Grundlagen und eines hohen Maßes an militärischer Körperertüchtigung. Um in die Fachausbildung, also das

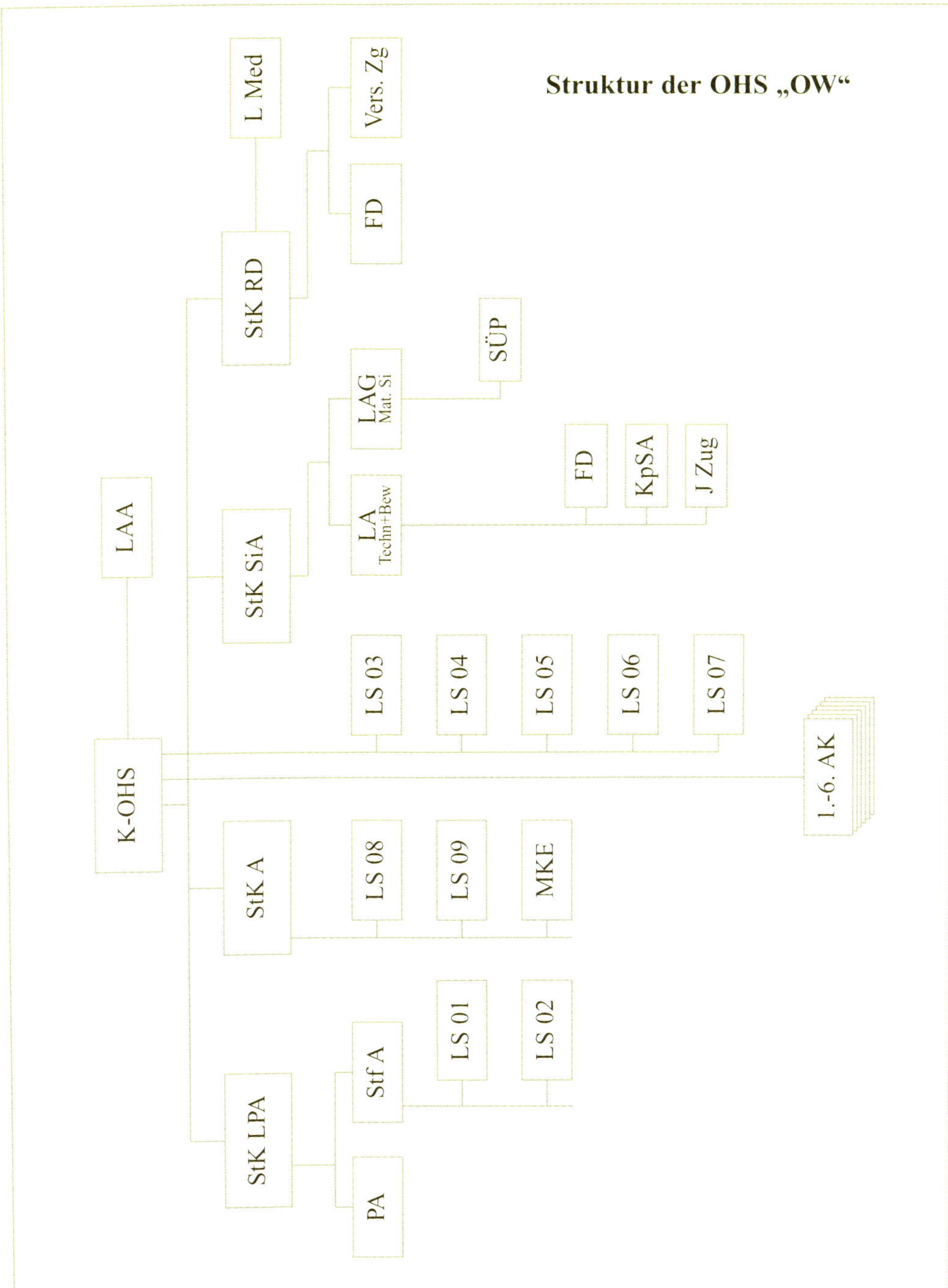

Bild 23 • Struktur der Offiziershochschule

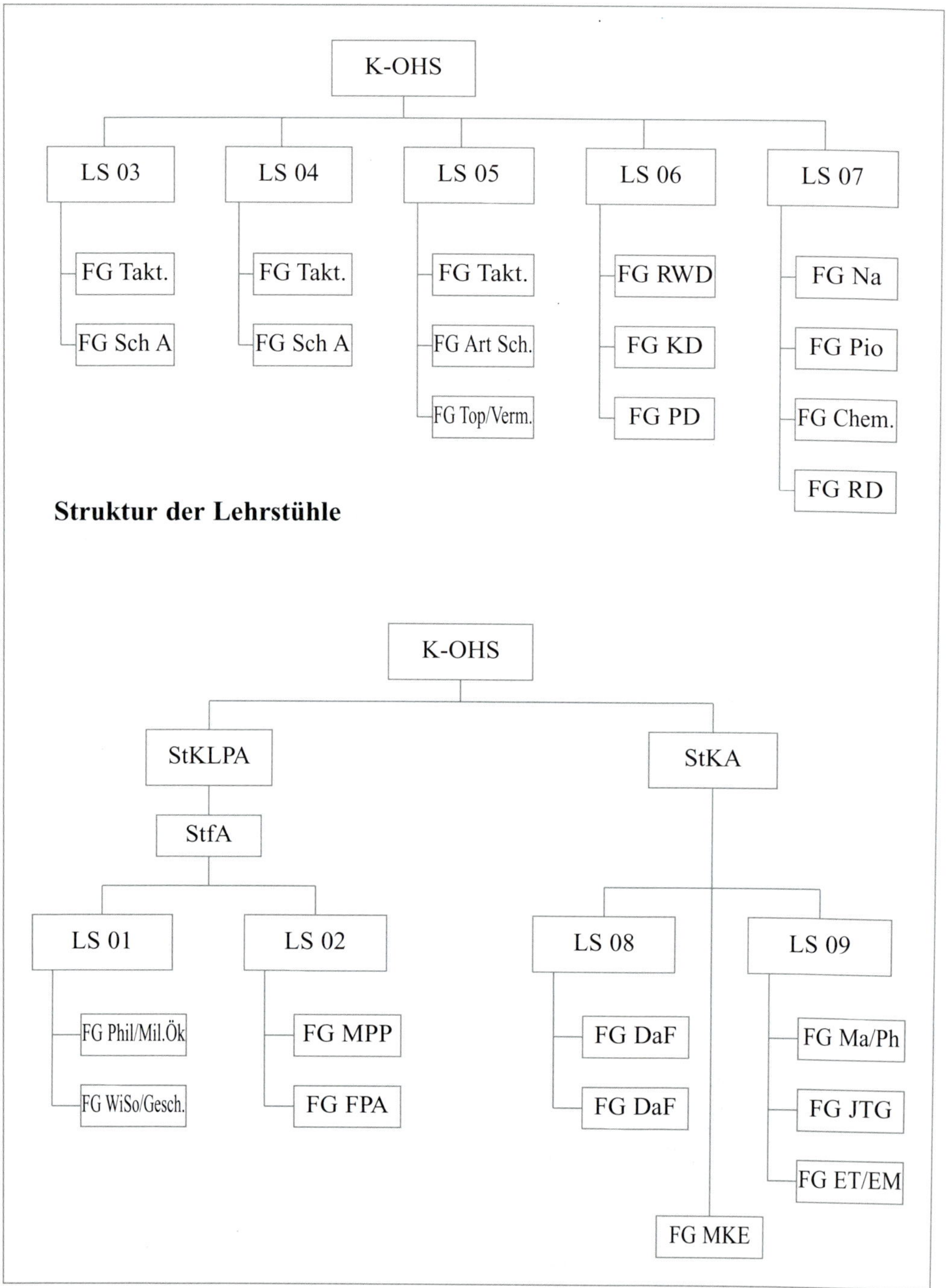

Bild 24a, b • Struktur der Lehrstühle

eigentliche Studium der Militärwissenschaft und Militärtechnik einsteigen zu können, waren ausreichende Sprachkenntnisse der deutschen Sprache erforderlich.
Daraus erwuchs auch die Notwendigkeit der Bildung der beiden Lehrstühle Sprachausbildung und Mathematik-Naturwissenschaften/Ingenieurtechnische Grundlagen sowie MKE und Allgemeine Truppenkommandeure.
Nach dem 1. offiziellen Studienjahr 1981/82 wurde nachfolgende Schulstruktur endgültig bestätigt.
Bild 23 Struktur der OHS
Bild 24a,b Struktur der Lehrstühle
Die Leiter der Lehrstühle 01-09, die für die Gestaltung der Ausbildungsinhalte zuständig waren, nutzten die Erfahrungen ihrer bisherigen Tätigkeitsstätten sowohl im militärischen Bereich als auch im Bereich der zivilen Hochschulen und Universitäten der DDR, wo sie selbst studiert haben oder an denen sie ihre wissenschaftlichen Arbeiten durchführten oder künftig durchführen sollten.
Von den militärischen Lehreinrichtungen der Land-, Luft- und Seestreitkräfte wurden Ausbildungsanleitungen, Lehrbriefe, Lehrbücher, Formblätter und andere Ausbildungsunterlagen zusammengetragen, um den Erfahrungsschatz bei der Ausbildung von Offizieren der NVA mit den eigenen Vorstellungen zur Heranbildung von AMK zu nutzen und erste eigene Lehrmaterialien zu erarbeiten.

Bild 25 • Leiter des Lehrstuhls 09
Oberst Prof. Dr. Reinhardt, Autor

Für die Grundlagenausbildung standen dafür Materialien der:

- Offiziershochschule der Landstreitkräfte „Ernst Thälmann“ in Zittau/Löbau;
- Offiziershochschule der Luftstreitkräfte/Luftverteidigung „Franz Mehring“ in Kamenz;
- Offiziershochschule der Volksmarine „Karl Liebknecht“ in Stralsund;
- Offiziershochschule der Grenztruppen „Rosa Luxemburg“ in Suhl;
- Unteroffiziersschule der NVA der Luftstreitkräfte/Luftverteidigung „Harry Kuhn“ in Bad Düben;
- Militärtechnische Schule „Erich Habersaath“ in Prora und des
- Fremdspracheninstitutes in Naumburg zur Verfügung.

Gleichzeitig nutzte der Lehrkörper die Verbindungen zu den Hochschulen und Universitäten der DDR, um deren Erfahrungen zu nutzen und sich dabei gleichzeitig weiterzubilden und für die dringend notwendige wissenschaftliche Arbeit und Forschung zu nutzen.

Hier sind besonders die

- Universität Rostock
- Universität Greifswald
- Ingenieurhochschule Wismar im Norden der ehemaligen DDR zu nennen, die zur Qualifizierung des Lehrkörpers mit Fachdiplomen und Promotionen zum 1. und 2. akademischen Grad beitrugen.

Auch die

- TU Dresden
- TH „Otto von Guericke“ Magdeburg
- IHS Zittau
- TH Karl-Marx-Stadt (heute Chemnitz)
- Verkehrshochschule Dresden
- Humboldt-Universität Berlin
- Martin-Luther-Universität Halle-Wittenberg
- TH Ilmenau

wurden in den Qualifizierungsprozess einzelner Offiziere und Lehrer im Hochschuldienst einbezogen.
Der Lehrkörper erreichte dadurch eine ausgezeichnete Qualifikation und konnte die Hochschulanforderungen unter erschwerten Bedingungen relativ schnell realisieren.
Berufungsvoraussetzungen zu Dozenturen und Professuren wurden somit schon nach fünf Jahren erreicht.

MARTIN-LUTHER-UNIVERSITÄT
HALLE-WITTENBERG

DER WISSENSCHAFTLICHE RAT
DER MARTIN-LUTHER-UNIVERSITÄT
VERLEIHT

Herrn Dr.-Ing. Dieter Reinhardt

geboren am 26. Januar 1936 in Thale / Harz

DEN AKADEMISCHEN GRAD

doctor scientiarum paedagogicarum
(Dr. sc. paed.)

AUF GRUND SEINER HERVORRAGENDEN
WISSENSCHAFTLICHEN BEFÄHIGUNG AUF DEM GEBIET

Didaktik / Methodik

UND SEINER ERFOLGREICHEN TÄTIGKEIT
ALS LEITER
WISSENSCHAFTLICHER KOLLEKTIVE.

Halle (Saale), den 30. September 1983

DER REKTOR

Prof. Dr. W. Isbaner

DER DEKAN

Prof. Dr. sc. W. Jahn

Bild 26 • Urkunde Dr. sc. paed. für Dr.-Ing. Reinhardt

Duplikat

Hiermit berufe ich

auf der Grundlage der Hochschullehrerberufungsverordnung (HBVO)

vom 6. November 1968

Genossen Oberst Dr. sc. paed.

DIETER REINHARDT

mit Wirkung vom 1. September 1984 zum

ORDENTLICHEN PROFESSOR

für Mathematisch-naturwissenschaftliche Grundlagen

an der Offiziershochschule der Landstreitkräfte „Otto Winzer"
der Nationalen Volksarmee

Bild 27 • Berufungsurkunde zum Ordentlichen Professor

Für die notwendigen militärischen und militärtechnischen Qualifikationen standen uns die Militärakademie „Friedrich Engels“ in Dresden und die Militärpolitische Hochschule in Berlin sowie sowjetische Militärakademien zur Verfügung. Um auch den zivilen Lehrern im Hochschuldienst und Lektoren einen militärischen Dienstgrad zu verleihen, erfolgte eine gezielte militärische Ausbildung auf freiwilliger Basis. Am 24.02.1984 war es dann soweit, dass der Minister für Nationale Verteidigung die Zivillehrer der OHS zu Reserveoffizieren ernannte. (Bild 29-31)
Als erster Hochschullehrer wurde der Autor, der Leiter des Lehrstuhls Mathematik-Naturwissenschaften und ingenieurtechnische Grundlagen Oberst Dr.sc.päd.Dr.-Ing. Dieter Reinhardt am 1. September 1984 zum Ordentlichen Professor berufen, nachdem er am 30.09.1983 den akademischen Grad Dr.sc.päd. (das entspricht der heutigen Habilitation) an der Martin-Luther-Universität Halle-Wittenberg erworben hat. (Bild 25, 26, 27)
Somit existierten in den Lehrstühlen 01-09 bereits erfahrene Lehroffiziere und LHD, die ihre Promotionen A erfolgreich abgeschlossen hatten, wie z. B.:

Oberst Dr. Martin Melz	LS 01	OSL Dr. Helmut Voltz	LS 06
Oberst Dr. Klaus Plüschke	LS 02	OSL Dr. Heinz Hermann	LS 06
Oberst Dr. Wolfgang Jokoff	LS 01	OSL Dr. Günter Bauer	LS 01
Oberst Dr. Herbert Schreier	LS 04	Lektor Dr. Steffen Lehmann	LS 09
Oberst Dr. Günter Hain	LS 07	Lektor Dr. Manfred Schmidt	LS 08

Bild 28 • Major Dr. Stüfe

Die Promotion B (entspricht dem Doktor der Wissenschaften) hatten z. B. die Lektoren
Dr. sc. päd. Sieglinde Schwidtmann LS 09
Dr. sc. päd. Karl-Heinz Stüfe LS 08
bereits erfolgreich abgeschlossen.
(Bild 28)

Weitere Lehroffiziere, Lektoren und Lehrer im Hochschuldienst befanden sich in der Qualifizierung, so dass eine fundamentierte wissenschaftliche Hochschulausbildung gewährleistet war.

Bild 29 • Der Minister für Nationale Verteidigung ernannte Zivillehrer zu Offizieren der Reserve am 24.02.1984

Bild 30 • Gruppenbild der am 24.02.1984 ernannten Reserveoffiziere

Bild 31 • Festlicher Empfang des Ministers für Nationale Verteidigung zur Ernennung von Reserveoffizieren. Dankesworte durch LHD Sonja Lichtwark

6. Die gesetzlichen Grundlagen der Ausbildung und die Motivation der AMK

Diese Ausbildung der AMK sowie die Unterstützung der Nationalen Armeen der Entsendeländer mit Technik, Bewaffnung und Ausrüstung und anderen materiellen Mitteln wurde durch Regierungsverträge geregelt und in Ausbildungsbefehlen des MfNV fixiert. Für die OHS waren die Befehle, Anordnungen und Festlegungen des Stellvertreters des Ministers und Chefs der Landstreitkräfte verbindlich.
Die AMK leben in der DDR auf der Grundlage der Gesetze der DDR und werden nach den Dienstvorschriften der NVA ausgebildet.
Für jedes nationale Kontingent an Militärkadern wurde ein besonderer Ausbildungsbefehl erlassen (Nationenbefehl). Dieser Befehl legte die Technik, Bewaffnung und Ausrüstung fest, an der die AMK auszubilden sind. Alle anderen Typen der Technik, Bewaffnung und Ausrüstung einschließlich ihrer Modelle, Schemata und Abbildungen unterlagen der Geheimhaltung für die jeweilige Nation.
Die umfangreichen politischen, ökonomischen und geistig-kulturellen Veränderungen in den jungen Nationalstaaten spiegelten sich auch in ihren Streitkräften wider.
Da die Streitkräfte mit ihrer Technik, Bewaffnung und Ausrüstung über die effektivsten Machtmittel verfügten, bildeten die Armeen die umfassendste Kraft zur Veränderung der verschiedensten politischen und staatlichen Systeme.
Die Erfahrungen der letzten 30 Jahre führten die jungen Armeen zu der Erkenntnis, dass der Schaffung nationaler Streitkräfte große Bedeutung beizumessen ist, weil nach ihrer Ansicht „eine Revolution nur dann etwas wert ist, wenn sie sich zu verteidigen versteht“, wie es Lenin einmal formuliert hat.
Darin sind auch die Motive der AMK zu suchen, sich ein umfangreiches Wissen sowie militärische Fähigkeiten und Fertigkeiten anzueignen, nach besten Ergebnissen zu streben, um die entwickelten gesellschaftlichen Verhältnisse im jeweiligen Land zu schützen und andererseits bei diesem Prozess in den Streitkräften oder der nationalen Wirtschaft anschließend nach dem Studium einen gut bezahlten Job zu finden.
Diese im Verlauf des Studiums vom Lehrkörper erkannten Motive der AMK galt es täglich im Studium mit vielfältigen Methoden umzusetzen und sie zu Höchstleistungen in der theoretischen und praktischen Ausbildung zu aktivieren.
Die Anforderungen in den Leistungskontrollen, Klausuren, Zwischenprüfungen und Fachabschlussprüfungen erhöhten sich ständig mit dem Ziel, zum Abschluss des Studiums bereit und in der Lage zu sein, eine selbständige wissenschaftliche Beleg- oder Abschlussarbeit vorzulegen, um sich selbst nach deren Verteidigung fachlich zu bestätigen. Das System der Betreuung zu den Abschlussarbeiten sicherte die entsprechende fachliche Unterstützung und diente nochmals der Stabilisierung der Studienmotive.

7. Die Beendigung des Studiums

Nach erfolgreichem Studienabschluss wurden die Vorbereitungen für die Abversetzung in ihr Heimatland getroffen. Umfangreiche Arbeiten im logistischen Bereich waren erforderlich, um die persönlichen Sachen für den Heimflug vorzubereiten. Es war keine Seltenheit, dass auch während des Studiums Fahrräder und Mopeds angeschafft wurden, die mitzunehmen waren. Gleichzeitig galt es Abschied zu nehmen von Freundinnen und Freunden, Binzer Familien und natürlich von den eigenen Lehrern. Nach anfänglichem Kontaktverbot der Angehörigen der Offiziershochschule mit den ausländischen Militärkadern außerhalb des Kasernenbereichs aus so genannten „Sicherheitsgründen", ließen sich die familiären Kontakte nicht vermeiden, so dass für solche Kontakte offizielle Genehmigungen einzuholen waren. Ab 1984 gab es dann weitere Lockerungen, wo die Gruppen, die ihr Studium abgeschlossen hatten, sich in den Familien von Angehörigen verabschieden durften. Natürlich musste die Politabteilung wissen, wer sich von wem verabschiedete, so dass immer so genannte „Partnerlisten" (z. B. Fam. Reinhardt empfängt OS Mawad und Khaddam) angefertigt wurden.
Der letzte Appell an der Offiziershochschule wurde dann genutzt, um am Otto-Winzer-Denkmal im Eingangsbereich der OHS einen Baum zu pflanzen. Dann begab man sich zum bereit gestellten Bus und verabschiedete sich von den Verantwortlichen der Ausbildungskompanie, Lehrern und hin und wieder auch von der Schulleitung. Winkend verließen die AMK die Kaserne in Richtung Flugplatz Schönefeld.

8. Übersichtsdaten und Länderinformationen der Entsendeländer AMK (Stand 1981)

1. Koreanische Demokratische Volksrepublik

Hauptstadt	Pjöngjang
Fläche	220.790 qkm
Einw.	51 Mio.
Amtssprache	Koreanisch
Währung	1 Won = 100 Tschon
Wehrpflicht	3-10 Jahre
Heer	1.000.000
Luftwaffe	82.000
Marine	46.000

Die Volksrepublik liegt auf der koreanischen Halbinsel in Ostasien und besteht aus neun Provinzen. Im Westen begrenzt das Gelbe Meer und im Osten das Japanische Meer das Land, welches zu 75 % bergig und zu 70 % mit Wäldern bedeckt ist. Die Bevölkerung besteht zu 98 % aus Koreanern, die dem Buddhismus als vorherrschende Religion huldigen. Bis zu seiner Befreiung war die Wirtschaft der KDVR kolonial geprägt und diente Japan als Rohstofflieferant. Mit der Verkündung der sozialistischen Entwicklung begann der Aufbau der Industrie und die Entwicklung der Landwirtschaft, insbesondere der Ackerbau und die Fischwirtschaft. Mit Einführung der allgemeinen zehnjährigen polytechnischen Schulpflicht 1972 begann der Kampf gegen das Analphabetentum von 90 % bei den Erwachsenen. Seit 1972 ist das höchste Staatsorgan die Oberste Volksversammlung, die die gesetzgebende Gewalt ausübt. Staatsoberhaupt ist der Präsident Kimm Il Sung, der auch Oberkommandierender der Streitkräfte ist. Am 10.10.1945 wurde die Kommunistische Partei Koreas gegründet, die 1946 durch Vereinigung der neuen Volkspartei in Partei der Arbeit Koreas umbenannt wurde.

2. Republik Kuba

Hauptstadt	La Habana (Havanna)
Fläche	110.922 qkm
Einw.	9,7 Mio.
Amtssprache	Spanisch
Währung	1 kubanischer Peso = 100 Centavo
Wehrpflicht	2 Jahre, Frauen freiwillig
Heer	85.000
Luftwaffe	15.000
Marine	5.000

Kuba ist ein sozialistischer Staat im Karibischen Meer, bestehend aus der Hauptinsel, der Nebeninsel und ca. 1600 kleinen, häufig unbewohnten Inseln. Kuba teilt man ein in 14 Provinzen, die in 168 Municipios gegliedert werden. Über ca. 1200 km Länge, bei einer Landbreite von 30 bis 200 km erstreckt sich die größte Antilleninsel zwischen dem Golf von Mexiko und dem Karibischen Meer. Die Bevölkerung setzt sich mit 70 % aus Kreolen zusammen. Bis zur Revolution war die Landwirtschaft durch die Monokultur Zucker gekennzeichnet. Die realisierte Bodenreform war der Start für die Umwandlung der Landwirtschaft und die Verstaatlichung der wichtigsten Industriezweige wie Zucker-, Tabak-, Textil- und Bauindustrie. Nach der Revolution wurde die obligatorische Schulpflicht eingeführt und das Analphabetentum von 40 % auf nur 5 % herabgesetzt. Oberste Volksvertretung ist die Nationalversammlung, die aus ihrer Mitte den Staatsrat wählt. Der Vorsitzende des Staatsrates ist sowohl Staats- als auch Regierungsoberhaupt und hat den Oberbefehl über die Streitkräfte. Seit 1.10.1965 gibt es die aus der Sozialistischen Revolution hervorgegangene PCC (Partido Communista de Cuba). Erster Sekretär der PCC und Regierungschef ist Dr. Fidel Castro Ruz.

3. Volksdemokratische Republik Laos

Hauptstadt	Vientiane
Fläche	236.800 qkm
Einw.	3,54 Mio.
Amtssprache	Laotisch
Währung	Kip
Wehrpflicht	18 Monate
Heer	33.000
Luftwaffe	3.500
Marine	500

Die VDR Laos gliedert sich in 13 Provinzen und liegt in Südostasien. Die Bevölkerung besteht aus etwa 70 verschiedenen Nationalitäten und ethnischen Gruppen, von denen mit 65 % die Lao Loum und mit 25 % die Lao Theung die Hauptgruppen bilden. Die VDR Laos ist ein gebirgiges Land mit vielen Hochplateaus. Das Siedlungsgebiet bilden die Ebenen längs des Mekong und seiner Nebenflüsse (etwa 8 % des Gesamtterritoriums). Das Land ist äußerst schwach entwickelt. Mehr als 90 % leben von der individuellen Landwirtschaft, die ab 1978 in 3 Jahresperioden entwickelt wird zur sozialistischen Großproduktion. Der überwiegende Teil der vorhandenen Industrieproduktionsstätten ist dem Handwerk zuzuordnen. Von der Bevölkerung waren 95 % Analphabeten. Das ab 1975 aufgebaute Bildungssystem beginnt mit Vorschulerziehung und allgemeiner Schulbildung und garantiert eine Fach- und Hochschulausbildung bzw. eine Berufsausbildung je nach Leistung. Am 2.12.1975 wurde die Volksdemokratische Republik Laos gegründet. Staatsoberhaupt ist der Präsident Souphanouvong. Gesetzgebendes Organ ist die Oberste Volksversammlung, Vorsitzender ist ebenfalls Souphanouvong. Als politische Partei trat die Laotische Revolutionäre Volkspartei 1975 an die Öffentlichkeit (bis dahin arbeitete sie in der Illegalität). Generalsekretär des ZK ist Kaysone Phomvitiane, der auch zum 1. Ministerpräsidenten gewählt wurde.

4. Volksrepublik Mocambique

Hauptstadt	Maputo
Fläche	784.034 qkm
Einw.	11,756 Mio.
Amtssprache	Portugiesisch
Währung	1 Metical = 100 Centavos
Wehrpflicht	2 Jahre

Heer	30.000
Luftwaffe	4.000
Marine	500

Die Volksrepublik Mocambique liegt an der afrikanischen Südküste und wird in 10 Provinzen unterteilt, die sich in 100 Distrikte untergliedern. Die Bevölkerung besteht zu 95 % aus bantusprachigen ethnischen Gruppen wie Macua, Tonga, Makonde, Malawi, Schona, Lomwe, die zu 80 % einer Naturreligion nachgehen. Die Hälfte des Territoriums liegt in der flachen Küstenzone mit den Flüssen Sambesi und Limpopo. Die Volksrepublik ist als Agrarland schwach entwickelt, obwohl 80 % der Bevölkerung in der Landwirtschaft tätig sind. Die Industrie konzentriert sich auf die Hafenstädte und betreibt die Weiterverarbeitung von Erzeugnissen der Land- und Forstwirtschaft. Der Aufbau der Erdölindustrie und die Produktion von Eisenbahnwagen und Hafenkranen beginnt. Mit der 1975 durchgeführten Verstaatlichung des Bildungswesens wurde der Überwindung des Analphabetentums der Kampf angesagt. Als führende Kraft der Gesellschaft gilt die FRELIMO-Partei. Staatspräsident ist der Präsident der FRELIMO-Partei Samora Moises Machel, der auch Oberbefehlshaber der Volksbefreiungsstreitkräfte ist und den Ministerrat leitet. Die ersten Wahlen zur Volksversammlung (Assambleia Popular) fanden 1977 statt. Im gleichen Jahr wurde aus der Befreiungsfront Mocambique die FRELIMO-Partei gegründet.

5. Republik Nikaragua

Hauptstadt	Managua
Fläche	148.435 qkm
Einw.	2,41 Mio.
Amtssprache	Spanisch
Währung	1 Cordoba = 100 Centavos
Wehrpflicht	2 Jahre
Heer	15.000
Luftwaffe	1.200
Marine	800

Die Republik Nikaragua liegt in Mittelamerika und gliedert sich in 16 Departements, die in 123 Municipios unterteilt sind. Die Bevölkerung ist durch 70 % Mestizen und 15 % Kreolen geprägt. Mehr als 90 % der Einwohner bekennen sich zur römisch-katholischen Religion. Der größte Staat Mittelamerikas besteht im Westen aus fruchtbaren Tälern, im Osten befindet sich schwer zugängliches Hochland. Von Nordwesten nach Südosten durchziehen die Kordilleren das Land. Nikaragua ist ein schwach entwickeltes

Agrarland. Die Industrie verarbeitet die Agrarprodukte und entwickelt die Erdölraffinerien und die Textilbetriebe des Landes. In der Landwirtschaft prägen 35 % des kultivierten Bodens der Kaffeeanbau und Baumwollplantagen sowie Getreide, Kakao, Bananen, Zuckerrohr und Tabak. Es besteht Schulpflicht vom 6. bis 13. Lebensjahr. Trotzdem gab es 1978 noch 50 % Analphabeten und man leitete 1980 die nationale Kampagne zur Beseitigung des Analphabetentums ein. Mit dem Sieg der FSLN übernahm 1980 ein Regierungsrat die Macht mit Sergio Ramirez Mercado, Daniel Ortega Saavedra, Moises Hassan Morales, Rafael Cordoba Rivas und Arturo Cruz. Die FSLN und die Vereinte Nationalleitung werden als die politische und militärische Kraft im Lande anerkannt.

6. Republik Sambia

Hauptstadt	Lusaka
Fläche	752.620 qkm
Einw.	5,35 Mio.
Amtssprache	Englisch
Währung	1 Kwacha = 100 Ngwee
Wehrpflicht	freiwillig
Heer	20.000
Luftwaffe	1.600
Marine	keine

Die Republik Sambia ist ein Binnenstaat im Süden Zentralafrikas, der in 9 Provinzen eingeteilt und in 51 Distrikte unterteilt wird. Mehr als 70 ethnische Gruppen bilden die Bevölkerung, darunter die Hauptgruppen Bamba, Tonga und Ngoni, die insgesamt ca. 65 % ausmachen. Die Republik Sambia liegt auf einem Plateau, das südlich der Sahara beginnt und bis in den Süden Afrikas reicht und durch die Flüsse Sambesi, Kafue und Luangwa unterbrochen wird. Die rückständige Landwirtschaft und Industrie orientiert sich auf Rohstoffförderung und Produktion von Halbfabrikaten für den Export. Sambia ist der drittgrößte Kupferproduzent der kapitalistischen Welt. Mehr als 50 % waren bedingt durch die englische Kolonialherrschaft Analphabeten. Mit Einführung der neuen Bildungsgesetze und Schulgeldfreiheit ab 1970 verbesserte sich die Grundausbildung und der Besuch weiterbildender Schulen und Universitäten wurde möglich. Die Republik Sambia ist eine Präsidialrepublik, die vom Präsidenten Dr. Kenneth David Kaunda regiert wird, der im Zyklus von 5 Jahren gewählt wird, (er wurde 1978 gewählt). Die UNIP (United National Independence Party) wurde 1959 von Mitgliedern des linken Flügels des ANC gegründet und ist die einzige Partei im Lande. Generalsekretär ist Mainza Chona.

7. Demokratische Republik Afghanistan

Hauptstadt	Kabul
Fläche	647.490 qkm
Einw.	15,450 Mio.
Amtssprache	Paschtu u. Dari
Währung	1 Afghani = 100 Puls
Wehrpflicht	2 Jahre
Heer	40.000
Luftwaffe	5.000
Marine	keine

Afghanistan ist eine Republik im Nordosten Vorderasiens und gliedert sich in 29 Wilayate und besteht zu vier Fünfteln aus Bergen und Gebirgsplateaus. Die Hauptbevölkerungsgruppen sind Pashtunen (Afghanen) mit ca. 60 % und Tatschiken und Usbeken mit ca. 35 %. Ihre Religion ist der Islam. Afghanistan gehört zu den ökonomisch schwächsten Ländern Asiens. Etwa 80 % in der Landwirtschaft tätige Einwohner erwirtschaften das Nationaleinkommen. Reich an Bodenschätzen entwickelt sich nur langsam eine entsprechende Industrie wie das Kfz-Reparaturwerk in Kabul, Wasserkraftwerke in Sarobi und Puli-Chumn oder das Kohlebergwerk in Karagara. Das Bildungswesen ist schwach entwickelt, obwohl Schulpflicht vom 7. bis 12. Lebensjahr besteht. Nur langsam wird die Analphabetenquote von ca. 80 % überwunden. Die Regierung wird vom Revolutionsrat gewählt. Seit Dezember 1979 ist Babrak Karmal Ministerpräsident. Er führt auch als Generalsekretär die Demokratische Volkspartei Afghanistans an.

8. Sozialistisches Äthiopien

Hauptstadt	Addis Abeba
Fläche	1.237.000 qkm
Einw.	30,42 Mio.
Amtssprache	Amharisch, Englisch
Währung	1 Birr = 100 Cents
Wehrpflicht	30 Monate
Armee insges.	120.000

Äthiopien als Staat in Ostafrika besteht aus 14 Provinzen mit einem zentralen Hochland, welches sich von Norden nach Süden erstreckt und in zwei Gräben abfällt, das Flachland des Nils und das Somaliflachland. Äthiopien ist das Land der Seen und Flüsse in Afrika.

Die Hauptbevölkerungsgruppen unter etwa 100 Nationalitäten sind die Amharen, Oromo, Tigrai und Somali. Ihre Religionen sind die äthiopisch-orthodoxe Kirche (ca. 50 %) und der Islam (40 %). Das Land ist ein schwach entwickelter Agrarstaat. Die Industrie konzentriert sich auf die Verarbeitung landwirtschaftlicher Rohstoffe und ist nur um die Hauptstadt angesiedelt. Das Bildungswesen ist die schlimmste Hinterlassenschaft des 1974 gestürzten Systems. Mehr als 90 % waren Analphabeten. Ab1975 laufen die größten Alphabetisierungskampagnen, der Bau von Schulen und die Ausbildung von Lehrern. Nach dem Sturz des Kaisers Haile Selassie wird das Land vom Provisorischen Militärischen Verwaltungsrat unter Oberstleutnant Mengistu Haile Mariam geführt. 1979 wurde die Proklamation über die Schaffung der Kommission für die Organisation der Partei der Werktätigen Äthiopiens geschaffen.

9. Jemenitische Arabische Republik

Hauptstadt	Sana
Fläche	195.000 qkm
Einw.	5,65 Mio.
Amtssprache	Arabisch
Währung	1 Jemen Rial = 100 Fils
Wehrpflicht	3 Jahre
Heer	17.000
Luftwaffe	1.000
Marine	500

Die JAR ist eine Republik im Südwesten der Arabischen Halbinsel, die sich in 10 Muhafazats gliedert. Zwei Drittel bestehen aus dem zentralen Gebirgsplateau. Das Scharki fällt im Nordosten als Wüste ab und geht in die Wüsten von Saudi-Arabien über. Mehr als 80 % der in der JAR lebenden arabischen Einwohner leben auf dem Lande. Die JAR ist als Agrarland schwach entwickelt mit starken Resten der Feudalordnung. Die Industrie befindet sich trotz reicher Bodenschätze erst in der Entwicklung und konzentriert sich auf die Städte Sana Taiz und Hodeida, insbesondere Textil, Lebensmittel und Metall verarbeitende Industrie. Auch das Bildungswesen ist erst im Entstehen bei nahezu 90 % Analphabeten. Trotz kostenlosen Grundschulbesuchs überwiegen die Koranschulen. Die Mehrzahl der Hoch- und Fachschulkader kommen aus dem arabischen Ausland, wie auch die Lehrer. Das feudale System der Herrschaft der Imame wurde im September 1962 gestürzt. Der achtjährige Bürgerkrieg wurde 1970 friedlich beigelegt. Oberst Ali Abdulla Saleh ist seit Juli 1978 Präsident der JAR und Oberbefehlshaber der Streitkräfte. Die provisorische Verfassung verbietet politische Parteien.

10. Volksdemokratische Republik Jemen

Hauptstadt	Aden
Fläche	333.000 qkm
Einw.	1,738 Mio.
Amtssprache	Arabisch
Währung	1 Yemeni-Dinar = 100 Fils
Wehrpflicht	2 Jahre
Heer	20.000
Luftwaffe	1.000
Marine	1.500

Die VDRJ ist eine Republik im Süden der Arabischen Halbinsel, die aus sechs Muhafazats besteht und vorwiegend aus einem Tafelland mit tief zerklüfteten Trockentälern gebildet wird. Die Kalksteinhochfläche um Hadramaut im Osten ist ebenfalls zerschnitten durch Trockentäler. Den westlichen Teil bilden Vulkanlandschaften. Zwei Drittel der Araber leben auf dem Lande und sind Moslems. Landwirtschaft und Industrie sind schwach entwickelt nach 129jähriger britischer Kolonialherrschaft. Hauptaufgaben liegen in der Nationalisierung. In Aden wird die Erdölraffinerie und Textilindustrie betrieben, ansonsten gibt es nur kleinere Produktionsstätten in Aden und Mukalla. Die zehnjährige Alphabetisierungskampagne senkte bis 1978 die Zahl der Analphabeten auf 10 %. Berufsschulen, Lehrerbildungseinrichtungen, Hochschulen für Wissenschaft und Technik sowie die Universität Aden sind die wichtigsten Einrichtungen für ein sich gut entwickelndes Bildungssystem. Der national-demokratische Weg wurde mit den Wahlen zum Obersten Volksrat 1978 verfestigt. Staatsoberhaupt ist der Vorsitzende des Präsidiums des Obersten Volksrates Ali Nasser Mohammed, der auch Ministerpräsident ist. Am 11.6.1978 wurde die Jemenitische Sozialistische Partei gebildet.

11. Volksrepublik Kampuchea

Hauptstadt	Phnom Penh
Fläche	181.000 qkm
Einw.	4 Mio.
Amtssprache	Khmer
Währung	Riel
Wehrpflicht	5 Jahre
Heer	36.000
Luftwaffe	500
Marine	1.200

Kampuchea ist eine Volksrepublik in Südostasien, die sich in 18 Khet (Provinzen) gliedert. Das Land besteht aus dem Dangrak- und Cardamongebirgshochland, dem Küstentiefland und der Mekongebene. Die Hauptbevölkerung bilden die Khmer sowie vietnamesische und chinesische Minderheitsgruppen. Die Pol-Pot-Clique entvölkerte von 1975-1978 die Städte und rottete nationale Minderheiten und die Intelligenz aus. Der Buddhismus und der Hinduismus verbreiten sich nach 1979 wieder durch die gewährte Religionsfreiheit. Mühselig entwickelt sich die Landwirtschaft und kleine Betriebe der Nahrungsmittelverarbeitung. Mehr als 80 % der Anbaufläche bestehen aus Reisfeldern ergänzt durch Kulturen von Mais, Tee, Tabak, Erdnüsse, Gewürze und Kautschuk. Der Revolutionäre Volksrat konnte im September 1979 das erste Schuljahr der Befreiung eröffnen. Die Grundschulausbildung genießt absoluten Vorrang. Nach einem langen erbitterten Kampf Kampucheas von einer konstitutionellen Monarchie unter französischer Schutzherrschaft 1953 über die Republik der Khmer 1970, das Regime von Pol-Pot und Jeng Sary führte am 7.1.1979 zur Befreiung Phnom Penhs und zum Sturz des Pol-Pot-Regimes. Somit wurde die Volksrepublik Kampuchea am 10.1.1979 proklamiert. Das kollektive Machtorgan in Kampuchea ist der Revolutionäre Volksrat. Seinen Vorsitz übernahm Heng Somrin. Die politische Führung erfolgte durch die Nationale Einheitsfront für die Rettung Kampucheas (NEFRK), die im Dezember 1978 gegründet wurde.

12. Volksrepublik Kongo

Hauptstadt	Brazzaville
Fläche	342.000 qkm
Einw.	1,48 Mio.
Amtssprache	Französisch
Währung	1 CFA-Frank = 100 Centimes
Wehrpflicht	freiwillig
Heer	8.000
Luftwaffe	1.200
Marine	600

Die Volksrepublik in Zentralafrika gliedert sich in 9 Verwaltungsregionen. Ihre Küstenzone ist ein sandiges Schwemmlandgebiet, das sich im Norden zum Gabon-Massiv und im Osten zum Mayombe-Massiv erstreckt als leicht ansteigende Hochplateaus. Der Hauptstrom ist der Kongo. Die Hauptbevölkerungsgruppen sind die Kongo mit 50 % und die Teke mit 25 %, die überwiegend Animisten sind. Stark verbreitet ist jedoch die afrikanisch-christliche Religion des Kimbanguismus. Als ehemalige französische Kolonie ist Kongo ein schwach entwickeltes Agrarland. Stark verbreitet ist die Industrie zur Verarbeitung von Edelhölzern, die Textilindustrie und einzelne Brauereien sowie Tabak- und Zementindustrie. Seit 1965 hat Kongo das Unterrichtswesen verstaatlicht, Schulpflicht vom 6. bis zum 16. Lebensjahr festgesetzt. Präsident der Republik ist der Vorsitzende der Kongolesischen Partei der Arbeit und Vorsitzende des Ministerrates Oberst Denis Sassou – Nguesso seit 31.03.1979. Die einzige politische Partei ist die am 31.12.1969 gegründete Kongolesische Partei der Arbeit (PCT). Sie erklärte den wissenschaftlichen Sozialismus zu ihrer Grundlage und führt die Jugend-, Frauen- und Gewerkschaftsorganisation.

13. Republik Simbabwe

Hauptstadt	Salisbury
Fläche	390.455 qkm
Einw.	6,9 Mio.
Amtssprache	Englisch
Währung	1 Rhodesischer Dollar = 100 Cents
Wehrpflicht	freiwillig
Heer	39.000
Luftwaffe	4.000
Marine	keine

Die Republik Simbabwe ist ein Staat im südlichen Afrika, der sich in 6 Provinzen gliedert, die in 32 Bezirke unterteilt werden. Die Bevölkerung besteht zu 95 % aus Afrikanern. Die ethnischen Hauptgruppen sind die Mashona (etwa 70 %), die Matabele und die Tsonga mit ca. 20 %. Sambia ist ein dreistufiges Hochland, das sich nach Süden stufenweise zum Tal des Limpopoflusses absenkt. Industrie und Landwirtschaft sind gut entwickelt durch den Bergbau und die Anbaugebiete von Mais, Baumwolle, Zuckerrohr, Weizen und Tabak. Etwa 50 % der landwirtschaftlichen Marktproduktion stammt von den 470 Großfarmen der Europäer. Ab 1973 erhalten etwa 95 % der Afrikaner eine Grundschulausbildung und ca. 50 % eine mittlere bis höhere Schule. Nach langwierigen Kämpfen wurde am 18.04.1980 Sambia zur unabhängigen Republik proklamiert. Zum 1. Präsidenten wurde Canaan Banana gewählt. Die im Februar 1980 durchgeführten Parlamentswahlen brachten den Führer der ZANU (Zimbabwe African National Union) Robert Mugabe das Amt des Ministerpräsidenten. Die beiden Parteien ZANU (gegründet 1963 mit Robert Mugabe) und ZAPU (gegründet 1961 mit Joshua Nkoma) gingen1976 eine Einheit als Patriotische Front (PF) ein mit Kopräsident Mugabe und Nkoma, die von UNO und OAU als einzig nationale Befreiungsorganisation Simbabwes anerkannt wurde.

14. Syrische Arabische Republik

Hauptstadt	Damaskus
Fläche	185.100 qkm
Einw.	7,89 Mio.
Amtssprache	Arabisch
Währung	1 Syrisches Pfund = 100 Piaster
Wehrpflicht	30 Monate
Heer	315.000
Luftwaffe	40.000
Marine	6.000

Die SAR ist ein Staat in Vorderasien an der Ostküste des Mittelmeeres, der sich in 14 Mohafaza (Bezirke) gliedert, die in 51 Mintaka (Kreise) und 160 Nahia (Gemeinden, Unterbezirke) unterteilt werden. Die Bevölkerung besteht zu 90 % aus Arabern, etwa 80 % sind Moslems. Syrien hat eine 150 km lange Küste im Osten des Mittelmeeres. Parallel zur Küstenebene verläuft das Alawitengebirge, dessen Osthang in die Orontes-Ebene abfällt, die durch eine Gebirgskette von der Syrischen Hochebene getrennt wird. Die Industrie in Syrien entwickelt sich seit der Machtübernahme der Baath-Partei im März 1963 zügig und drängt die Landwirtschaft trotz guter Voraussetzungen bei Getreide und Baumwolle zurück. Das Bildungswesen ist umfassend entwickelt. An über 7000 Grundschulen, 1100 Mittel- und Oberschulen, 60 Berufsschulen und 3 Universitäten lernen mehr als 2 Millionen Kinder und Jugendliche. An der Spitze der SAR steht ein Präsident. Seit 1971 ist es Hafez al-Assad. Die Baath-Partei als Partei der Arabischen Wiedergeburt vereinigte sich 1950 mit der Arabischen Sozialistischen Baath-Partei. Generalsekretär seit 1970 ist Hafez al-Assad.

15. Vereinigte Republik Tansania

Hauptstadt	Daressalam
Fläche	985.087 qkm
Einw.	17,5 Mio.
Amtssprache	Suaheli
Währung	1 Tans. Schilling = 100 Cents
Wehrpflicht	2 Jahre
Heer	30.000
Luftwaffe	3.600
Marine	1.000

Die Vereinigte Republik Tansania ist ein Bundesstaat in Ostafrika, der sich in 25 Regionen gliedert, die in 60 Distrikte unterteilt werden. Die Bevölkerung besteht zu 99 % aus Afrikanern, die sich in 120 ethnologische Stämme aufgliedern. Etwa ein Drittel der Bevölkerung bekennt sich zum Islam, ein Drittel zum Christentum, ein Drittel betreibt Stammesreligionen. Drei Inseln, Sansibar, Pemba und Mafia lagern dem Festland vor, das sich aus einer ca. 60 km breiten Küstenebene stufenweise in eine 1500 bis 2000 m hohe Hochebene entwickelt. Außergewöhnlich hohe Bergmassive vulkanischen Ursprungs charakterisieren die Hochebenen und die höchsten Berge wie den Kibo mit 5895 m (höchster Berg in Afrika) und den Mawensi mit 5270 m im ständig schneebedeckten Kilimanjarogebirge. Landwirtschaft und Industrie sind schwach entwickelt, weil die koloniale Struktur noch nicht überwunden ist. Ab 1978 arbeitet man nach einem 20-Jahr-Programm zur Entwicklung der Industrie. Nach Einführung der siebenjährigen Grundschulpflicht 1977 wurde dem Analphabetentum mit 70 % der Bevölkerung der Kampf angesagt. Die Vereinigte Republik wird durch einen Präsidenten geführt, der gleichzeitig Vorsitzender der Partei der Revolution (CCM) ist. Der Präsident ist Mwalimu Julius K. Nyerere. Die TANU (Afrikanische Nationalunion von Tanganjika) und die Afro-Shirasi-Partei Sansibars (ASP) vereinigten sich am 5.2.1977 zur Partei der Revolution CCM (Chama Cha Mapinduzi).

16. Sozialistische Republik Vietnam

Hauptstadt	Hanoi
Fläche	329.000 qkm
Einw.	55 Mio.
Amtssprache	Vietnamesisch
Währung	1 Dong = 100 Hao
Wehrpflicht	2-3 Jahre
Heer	500.000
Luftwaffe	15.000
Marine	12.000

Die SRV ist eine Sozialistische Republik in Südostasien und gliedert sich in 35 Provinzen. Die Bevölkerung besteht zu 85 % aus Viet (auch Kinh genannt), die sich zu unterschiedlichen Religionen, wie Islam, Katholizismus, Buddhismus, Brahmanismus und Konfuzianismus bekennen. Die SRV befindet sich im östlichen Teil der Hinterindischen Halbinsel und bildet mit Kampuchea und Laos Indochina. Drei Viertel des Landes sind von Bergen bedeckt. Fruchtbare Deltas werden durch die Flüsse gebildet, wie durch den Roten Fluss und den Mekong. Die SRV zählt zu den sozialistischen Ländern mit niedrigem ökonomischem Entwicklungsniveau bei vorwiegender

Kleinproduktion. Die Landwirtschaft existiert vom Reisanbau. Das dreistufige Schulsystem 1.-4. Klasse, 5.-7. Klasse und 8.-10. Klasse hat sich bewährt und hat im Jahre 1978 das Analphabetentum im Landesmaßstab beseitigt. An 60 Hochschulen und 270 Fachschulen studierten 1980 bereits 300 000 Studenten. Die im April 1976 konstituierte Nationalversammlung proklamierte am 2. Juli 1976 die Sozialistische Republik Vietnam mit der Hauptstadt Hanoi nach der Wiedervereinigung. Der Vorsitzende des Staatsrates ist Oberbefehlshaber der Streitkräfte. Im Dezember 1976 fand der IV. Parteitag der PWV statt. Hier erfolgte die Umbenennung in KPV. Generalsekretär des ZK der KPV wurde Le Duan.

17. Palästinensische Befreiungsorganisation PLO

Zur Zeit des Studiums keine statistischen Daten bekannt

9. Militärische Körperertüchtigung und Freizeitsport

9.1 Militärische Körperertüchtigung

Die militärische Körperertüchtigung an der Offiziershochschule wurde auf der Grundlage der Dienstvorschrift 010/0/002 organisiert und durchgeführt. Entsprechend der Struktur der Lehreinrichtung, sie gliederte den gesamten Personalbestand in Stammpersonal und Ausländische Militärkader, wurde auch die MKE nach zwei voneinander unabhängigen Ausbildungsprogrammen geplant und durchgeführt.
Während das Stammpersonal nach den in der NVA allgemein gültigen Dienstvorschriften ausgebildet und nach den entsprechenden Normen bewertet wurde, erließ der Hauptinspekteur der NVA 1986 das Programm 056/5/001 für die „physische Ausbildung ausländischer Militärkader an Lehreinrichtungen der NVA und der Grenztruppen der DDR nach Abschluss des Vorbereitungslehrganges“.

Die im Programm postulierten Zielstellungen beinhalteten die bewusste und zielgerichtete Verbesserung der körperlichen Leistungsfähigkeit, die Ausprägung von Mut, Beharrlichkeit, Widerstandsfähigkeit und Entschlossenheit sowie die Verbesserung der Ausdauerleistungsfähigkeit, der Kraft, Schnelligkeit und Gewandtheit.
Die AMK waren auch theoretisch und sportmethodisch zu befähigen. Das Programm gab die jährlich durchzuführende Stundenzahl MKE mit 70 Stunden an. Die

Ausbildungsstunden wurden in Doppelstunden à 90 Minuten geplant und durchgeführt. Diesen Ausbildungsstunden sind die täglichen Frühsportzeiten von 6.05 Uhr bis 6.25 Uhr hinzuzurechnen. Hier standen der Lauf über 3000 m und die Kraftausdauerschulung im Vordergrund.

Die Leistungsbewertung erfolgte in Form geplanter Leistungskontrollen in einer Disziplin während der laufenden Ausbildung. Am Ende eines Ausbildungsjahres wurde eine Abschlussprüfung durchgeführt. Die Leistungsparameter der AMK wurden in einem Anfangstest (vergleichbar mit dem Achtertest der NVA) erfasst und über den Zeitraum des Studiums fortgeschrieben.

So wurden z. B. 27 AMK einer Nation zu Beginn ihres Studiums im Bereich der Laufausdauerleistungsfähigkeit einer Kontrolle unterzogen. In diesem Test erreichte keiner der AMK die Zeit, die für die Vergabe der Note 4 notwendig gewesen wäre. Die durchschnittliche Laufzeit von zwölf AMK, die durch das Ziel liefen, betrug 15 min 12 sec.

In den die Leistungsüberprüfung begleitenden persönlichen Gesprächen brachte die Mehrzahl der Probanden zum Ausdruck, dass ein „so langer Lauf" von ihnen noch nie gefordert wurde.

Die Leistungsentwicklung dieser Gruppe wird deutlich, setzt man die durchschnittliche Laufzeit, 13 min und 04 sec, der gleichen Gruppe sieben Monate später dagegen. Kamen während des ersten Laufes von 27 AMK nur 12 ins Ziel, waren es dann 24 AMK, die das Ziel erreichten.

Folgende Bewertungskriterien kamen zur Anwendung:

Norm	**Maßeinh.**	**Note: 1**	2	3	4
3000 m	min	11:20	12:20	13:00	13:30
Klimmz.	St.	11	8	6	4
Liegestütz	St.	40	32	25	18
Handgr. Wurf	m	48	40	32	30

Die MKE Ausbildung erfolgte im Hauptstudium zu folgenden Themen:

Thema	**Stunden in %**
Ausdauer	30
Kraft	20
Sturmbahn	10
Nahkampf	10
Schwimmen	10
Spiele	20

(Da die Sportbasis nicht vollständig entwickelt war, wurde die Schwimmausbildung mit ausgewählten Gruppen in Stralsund in einem Lehrgang über 7 Tage mit täglich 4-6 Stunden Wasserarbeit durchgeführt.) Die Stundeninhalte in allen Themen wurden in der für die Ausbildung zuständigen selbständigen Fachgruppe MKE festgelegt. Die MKE wurde ganzjährig überwiegend im Freien durchgeführt. Die Ausdauerausbildung wurde im Objekt, im Vorfeld der Feuersteinfelder und im Waldabschnitt zwischen Prora und Mukran realisiert.
Für die Kraftausbildung standen zwei Kreistrainingsanlagen (KTA) zur Verfügung. Im Notfall konnte auf die Kompaniekrafträume ausgewichen werden. Die Nahkampf- und Sturmbahnausbildung wurde auf der Sturmbahn durchgeführt. Die Spielausbildung erfolgte auf einer Kleinfeldanlage mit einer 250-m-Bahn sowie auf zwei Volleyballplätzen.
In den Wintermonaten Dezember bis Februar konnten die Sporthallen der Militärtechnischen Schule und des Regiments Militärtransportwesen genutzt werden. Im Vorkurs zum Erlernen der deutschen Sprache wurde eine einjährige spezialfachliche Ausbildung an der OHS oder am Institut für Fremdsprachen in Naumburg auf der Grundlage des Programms 057/57012 des Hauptinspekteurs der NVA durchgeführt. In diesem Programm waren 90 Stunden MKE vorgesehen. Inhaltlich unterschied sich das Programm nicht vom Hauptkurs, lediglich die Sturmbahnausbildung fand nicht statt.

Die Fachgruppe MKE war dem Stellvertreter des Kommandeurs für Ausbildung unterstellt und arbeitete ab 1984 ausschließlich mit diplomierten Hochschulabsolventen der Fachrichtung Sport. Der Fachgruppenleiter OSL Buchhester war aktiver Offizier, ihm standen 4-6 Lehrer im Hochschuldienst zu Seite.

9.2 Freizeitsport

Der Freizeitsport war in der Armeesportvereinigung „Vorwärts“ angesiedelt. Die Organisation und Durchführung lag im Verantwortungsbereich des Leiters der Politabteilung. Ihm zugeordnet war ein Mitarbeiter, der ausschließlich den Freizeitsport plante, organisierte und in Zusammenarbeit mit der Fachgruppe MKE durchführte. Die fachliche Kompetenz hatte die Fachgruppe MKE.
Eine Aufgabe des Freizeitsports bestand darin, das Freizeitangebot der AMK zu erweitern. Gleichzeitig unterstützten diese Angebote auch die Entwicklung der körperlichen Leistungsfähigkeit der AMK. Im Gegensatz zu allen anderen Maßnahmen trafen im Freizeitsport die Wettkämpfer in den Einzeldisziplinen bzw. die Mannschaften der verschiedenen Nationen direkt aufeinander.

Bild 32 • Anfeuerung der Läufer zum Hochschulsportfest

Bild 33 • Zum Hochschulsportfest

Bild 34 • Der Kugelstoßwettbewerb

Wie in der NVA generell vorgesehen, wurden auch die Fernwettkämpfe I bis IV an der OHS in den verschiedenen Altersgruppen (gemeinsam für das Stammpersonal und die AMK) veranstaltet. Der zentralen Bestenermittlung in den Fernwettkämpfen gingen die Wettkämpfe auf Kompanieebene voraus. Im Wettkampfkalender waren auch Fußballmeisterschaften vorgesehen. Im Volleyball ermittelten die Mannschaften ihre Sieger. Waren naturgemäß die Mannschaftssportarten am beliebtesten, so konnte sich auch der Stundenlauf mit Musik auf dem Sportplatz mit der 250-m-Bahn einen guten Veranstaltungsplatz sichern. Weniger erfolgreich platzierte sich der Neujahrslauf. Der Versuch, wöchentlich zu festgelegten Zeiten ein Volleyballtraining durchzuführen, scheiterte am Fehlen einer eigenen Sporthalle. Außerdem war das Freizeitinteresse der AMK mehr auf das „fremde Land DDR“ und seine Menschen gerichtet.

Den Höhepunkt im Freizeitsport an der Offiziershochschule stellte das Sommersportfest dar. Die Leichtathletikdisziplinen 100-m-Lauf, Weitsprung, Kugelstoßen, Staffelläufe und das Tauziehen fanden bei den AMK solchen Anklang, dass oftmals die Meldelisten noch während der Wettkämpfe verändert werden mussten. Die Meisterschaft um den Fußballmeister der Hochschule war die Krönung dieses Festes. Neben den Aktiven beider Mannschaften auf dem Platz wurde den Schiedsrichtern oft das Letzte abverlangt. (Bilder 32, 33, 34)

10. Zu den Festen der Internationalen Freundschaft

Ein wesentliches Anliegen der Erziehungsarbeit, die von allen Angehörigen des Stammpersonals, insbesondere aber von den Vorgesetzten aller Stufen geführt wurde, war es, das harmonische und freundschaftliche Zusammenleben aller AMK zu sichern. Schließlich waren an der OHS junge Menschen aus mehreren Kontinenten – Asien, Amerika, Afrika – und aus Ländern mit unterschiedlichster gesellschaftlicher Entwicklungsrichtung und sozialer Herkunft sowie religiöser Auffassungen vereint. Also mussten Wege gefunden werden, die das kameradschaftliche Zusammenleben, das gegenseitige Verstehen und das Zusammengehörigkeitsgefühl förderten und ausprägten.

Vielerlei organisatorische und inhaltliche Schritte waren deshalb notwendig, um auf diesem Wege voranzukommen. Alle zusammengenommen führten dazu, dass es während der Existenz der OHS auch bei ständig wachsender Schülerzahl zu keinen ernsthaften Reibereien oder Zusammenstößen zwischen den verschiedenen Länderkontingenten

kam. Sicher ist es nicht idealisierend, wenn eingeschätzt werden kann, dass das Zusammenleben von Menschen mit derart unterschiedlichen mentalen Eigenschaften und kulturellen Traditionen insgesamt recht harmonisch verlief und von Gefühlen der Freundschaft und des gegenseitigen Verständnisses geprägt war.
Zu einem wichtigen Bestandteil dieser ständig zu führenden Arbeit entwickelte sich das jährlich in den Sommermonaten durchgeführte Fest der Internationalen Freundschaft. Es wurde in der Regel an einem Sonntag durchgeführt und war eine feste Planungsgröße in der Jahresplanung der OHS.

Durch die feste Einbindung in die Gesamtplanung war es möglich, dieses Fest sowohl in organisatorischer als auch in inhaltlicher Hinsicht langfristig vorzubereiten und es zu einem Anliegen aller AMK zu machen. In ausführlichen Beratungen mit den Nationalitätenältesten wurde schon lange vor dem Durchführungstermin besprochen, wie die nationalen Kontingente zum Gelingen des Festes beitragen wollen. Daraus entwickelte sich schließlich ein bestimmter Wetteifer, um den bestmöglichen Beitrag zum Gelingen des Festes zu leisten. Neben der unmittelbaren Einbeziehung der AMK aller Nationen in die Vorbereitungsarbeit wurden auch die Familienangehörigen des Stammpersonals sowie viele Persönlichkeiten aus der Wirtschaft, der Politik und der Kultur lange vorher eingeladen. Die Teilnahme des Stammpersonals war eine Selbstverständlichkeit. Die örtlichen Kommunalpolitiker fühlten sich zur Teilnahme verpflichtet, da ja die OHS ein Teil des Gemeindegebietes Ostseebad Binz war.
Die AMK bereiteten sich innerhalb der nationalen Gruppen langfristig auf das Fest vor. Schließlich mussten die zu bringenden kulturellen Darbietungen geprobt werden, Geschenke der traditionellen Kultur und nationale bzw. Stammestrachten beschafft und schließlich auch Köche gefunden werden, die die Speisen der Heimat am schmackhaftesten zubereiten konnten.

Am Tage des Festes wurde das Leben an der OHS durch die Militärkader bestimmt. Jedes nationale Kontingent hatte eigene Stände, die zentral beschafft wurden, an denen typische nationale Speisen und Getränke gegen ein geringes Entgelt verkauft wurden.
Es gab auch Stände, an denen Gegenstände der traditionellen Kultur als Souvenir verkauft wurden. Die eingenommenen Gelder wurden dem Solidaritätsfonds zugeführt.
An einer Ecke des Kasernengeländes wurde national gebundene Musik gespielt, an einer anderen fanden sportliche Vorführungen statt, hier gab es einheimische Tänze, dort wurde in einer bunten Gruppe diskutiert und gescherzt.
Manche AMK hatten die einheitlich zu tragende Uniform abgelegt und stattdessen die Uniform ihrer Armee angezogen, andere wieder trugen nationale oder Stammestrachten. Kurz, es war ein farbenfrohes optimistisches Bild, das auf dem gesamten Gelände der OHS herrschte.

Der meiste Betrieb und ein Chaos, das aber nur scheinbar war, herrschte in der Großküche. Sie wurde an diesem Tag von den Laienköchen der Militärkader und ihren Helfern beherrscht. Natürlich wirkten im Hintergrund unauffällig die Köchinnen und Köche des Stammpersonals, um einen sicheren organisatorischen Ablauf zu gewährleisten und um Unfälle zu verhindern. Es wurde gebrutzelt, gedämpft, gebraten und gekocht.

Und heraus kam das, was auf diesem Fest sehr begehrt war, traditionelle Speisen und Getränke aus der Heimat der Militärkader. Da gab es Frühlingsröllchen aus Vietnam oder Tee auf arabische Art, Kokosmilch und afrikanische Obstsalate.

Auffällig war, dass die AMK der VDRJ und der JAR einträchtig neben- und miteinander wirkten, obwohl offiziell nicht gerade freundschaftliche Beziehungen zwischen den geteilten Staaten herrschten. Jedes Land leistete so seinen speziellen Beitrag zum Gelingen des Festes. Spricht man heute mit ehemaligen Angehörigen des Stammpersonals, so erinnern sie sich mit Vergnügen an diese Feste, die alljährlich ein echter Höhepunkt im Leben der OHS waren.

Diese Feste haben wesentlich mitgeholfen, die OHS zu einer Stätte der Freundschaft und gegenseitigen Solidarität auszugestalten.

Durch die Teilnahme der Familienangehörigen des Stammpersonals und der vielen Gäste aus der zivilen Bevölkerung der Insel Rügen wurde der Offiziershochschule „Otto Winzer“ auch der Schein des „geheimnisumwobenen Objektes“ genommen.

Die Feste der Internationalen Freundschaft hatten sich zu einer festen Tradition im Leben der OHS und des Standortes entwickelt und waren aus dem Leben nicht mehr wegzudenken.
(Bilder 35, 36, 37, 38, 39)

Bild 35 • Ella Rumpf, die Schwester Otto Winzers, weilt an der Offiziershochschule zum Fest der Internationalen Freundschaft

Bild 36 • AMK-Band zum Fest der Internationalen Freundschaft

Bild 37 • AMK und Gäste lauschen den Darbietungen zum Fest der Internationalen Freundschaft

Bild 38 • AMK zum Fest bei Einnahme nationaler Gerichte

Bild 39a • Kompaniechef und Politstellvertreter bei einer aktuellen Zeitungsschau mit AMK

Bild 39b • Die Gruppe aus Kampuchea zum Nationalfeiertag ihres Landes

11. Zu den Exkursionen der AMK

Ausgehend von der Tatsache, dass die an der OHS auszubildenden AMK (auszubildende Offiziersschüler und weiterzubildende Offiziere) aus Ländern mit sehr unterschiedlichem gesellschaftlichen Entwicklungsniveau und aus allen in diesen Ländern existierenden sozialen Bevölkerungsschichten kamen, wurde nach eingehender Diskussion vom Kommandeur der OHS befohlen, für alle Gruppen Exkursionen als festen Bestandteil der Aus- und Weiterbildung zu planen und durchzuführen. Anregungen für ihre Organisation und Durchführung wurden dafür u. a. aus einer an der Deutschen Militärbibliothek vorhandenen Dissertationsschrift über die Weiterbildung ausländischer Offizierskader an der Führungsakademie der Bundeswehr entnommen, die natürlich auf die an der OHS vorhandenen konkreten Bedingungen des militärischen Lebens umgesetzt werden mussten. Die Exkursionen als fester Bestandteil der Ausbildung wurden grundsätzlich nur mit einzelnen Ausbildungsgruppen durchgeführt.
Dadurch konnten

- eine langfristige inhaltliche und organisatorische Vorbereitung gesichert werden;
- eine hohe Effektivität und ein hohes Maß an Individualität erreicht werden;
- feste Vertragspartner in Industrie, Landwirtschaft und im Kulturbereich gewonnen werden.

Zugleich ergab sich aber daraus ein hoher organisatorischer, personeller und zeitlicher Aufwand für die zur Betreuung verantwortlich eingesetzten Angehörigen des Stammpersonals, wenn man bedenkt, dass die Stärke der Ausbildungsgruppen in der Regel 10 bis 12 Offiziersschüler bzw. Offiziershörer betrug.
Diese Exkursionsform erforderte jährlich etwa 100 Exkursionen. Unterschieden wurde in den für die Exkursionen formulierten Zielstellungen in:

- Exkursionen im Vorbereitungslehrgang und
- Exkursionen im Hauptkurs.

So bestand ein Ziel im Vorbereitungskurs, die erworbenen Kenntnisse in der Deutschen Sprache in konkreten Bereichen des täglichen Lebens zielsicher anzuwenden, also sich in einem Einkaufsmarkt oder in einer Gaststätte sicher zu bewegen und in verständlicher Sprache dem deutschen Personal sein Anliegen vorzutragen, oder auch kulturelle Einrichtungen der Insel Rügen kennen zu lernen.
Im Hauptkurs hingegen ging es weniger um die Anwendungsbereitschaft der deutschen Sprache. Wichtigstes Anliegen war es hier, in ausgewählten Bereichen der Gesellschaft

einen Einblick in das Leben der Menschen und das Leben in der DDR zu geben. Bedenkt man die doch abgeschiedene Lage der OHS in Prora, wurden diese Exkursionen zu einem wichtigen Bildungs- und Erziehungserlebnis für die AMK.

Als feste Vertragspartner wurden für die Durchführung der Exkursionen mit Genehmigung des zuständigen Ministers bzw. Generaldirektors und Abteilungsleitern der Räte der Bezirke gewonnen:

- die Volkswerft Stralsund
- die Landwirtschaftliche Produktionsgenossenschaft Kandelin
- die Nationale Mahn- und Gedenkstätte Sachsenhausen
- die Biologische Fakultät der Universität Greifswald
- das Schiffshebewerk Niederfinow
- Besichtigung der Hauptstadt der DDR (Ostteil Berlins).

Ohne Übertreibung kann eingeschätzt werden, dass diese Exkursionen einen nachhaltigen Eindruck bei den ausländischen Militärkadern hinterlassen haben und für die Mehrzahl von ihnen zu einem bleibenden Erlebnis wurden. Besonders beeindruckend für sie war zum Beispiel das augenscheinliche Erlebnis der landwirtschaftlichen Produktion in der LPG Kandelin. Der Einsatz landwirtschaftlicher Großgeräte, die computergestützte Arbeitsorganisation im Stall und auf dem Feld, die von der LPG-eigenen Bauabteilung kostengünstig errichteten Einfamilienhäuser, die LPG-eigene Fleischerei und Bäckerei, die erreichten Produktionsergebnisse und nicht zuletzt ein deftiges und kostenloses Essen in der LPG-eigenen Gastwirtschaft, die zugleich Kulturhaus war. Erstaunt waren die AMK über die Sicherung der Winterarbeit in der Kartoffelhalle und Sortieranlage, die viele Fragen auslöste, welche die Bauern geduldig beantworteten. Ein besonderes Erlebnis der staunenden AMK-Gruppen war immer wieder das Schiffshebewerk in Niederfinow.

Bild 40 • OS Combaco bei einer Exkursion mit Familienangehörigen

Bild 41 • AMK aus Mocambique bei einer Exkursion

Bild 42a, b • Exkursion mit der Patengruppe des Lehrstuhls 09 Panzerkommandeure der VR Mocambique 1982

Bild 43a, b • Bei der Unterzeichnung eines Patenschaftsvertrages mit der Gruppe Panzerkommandeure aus Mocambique und dem Lehrstuhl 09 – Gewerkschaftsvertrauensfrau Sonja Lichtwark

Bild 44 • Dankesworte nach der Vertragsunterzeichnung

Die Afrikaner aus Mocambique z. B. meinten, dass ihnen zu Hause niemand glauben würde, dass in Deutschland große Schiffe in einem Fahrstuhl zu Tale und zu Berge gefahren wurden. Noch heute muss man den Exkursionspartnern danken für ihre Mühe und Hingabe. Schließlich haben sie diese Aufgabe nur aus Solidarität erfüllt, denn eigentlich wurde mit der Exkursion der Arbeitsablauf gestört, für den sie weder eine materielle noch eine ideelle Anerkennung bekamen. Als Dank für diese Bemühungen wurde auf Vorschlag des Kommandeurs der OHS die Volkswerft Stralsund und die LPG Kandelin mit der Verdienstmedaille der NVA in Bronze geehrt. (Bilder 40, 41, 42a, b, 43a, b, 44, 45, 46)

Bild 45 • Teilnahme von AMK zur Maidemonstration in Binz 1982

Bild 46 • Frau Dr. Schwidtmann (LS 09) und der Nationalitätenälteste der VR Mocambique, OS Hugo

12. Internationale Aufgaben der NVA

Neben der Ausbildung von ausländischen Militärkadern waren die Offiziershochschule „Otto Winzer“ (im weiteren OHS „OW“) und die Militärtechnische Schule „Erich Habersaath“ (im weiteren MTS „EH“) mit der Hilfe beim Aufbau von Militärtechnischen Lehreinrichtungen in der Sozialistischen Republik Vietnam und der Republik Jemen betraut worden.

1972 Eine Studiendelegation der Vietnamesischen Volksarmee besucht die MTS „EH“. Darunter auch der künftige Kommandeur während der Aufbauphase Major Bach.

1974 Im Regierungsabkommen zur solidarischen Unterstützung zwischen der Deutschen Demokratischen Republik und der Sozialistischen Republik Vietnam wird der Nationalen Volksarmee (im weiteren NVA) die Aufgabe übertragen, der Vietnamesischen Volksarmee (im weiteren VVA) beim Aufbau einer technischen Unteroffiziersschule Unterstützung zu geben.

1975 Eine Spezialistendelegation der NVA, darunter auch Offiziere der MTS „EH“, reiste nach Hanoi zu ersten Gesprächen und Besichtigungen von vorhandenen, sehr einfachen Objekten im Norden des Landes.

1976 Ein erneuter Besuch, mit Vorschlägen zu Ausbildungsprogrammen, die von Fachlehrern der MTS „EH“ entworfen wurden, und zum landesüblichen Ausbau der vorhandenen Objekte. Es waren intensive Beratungen.

1977 Auf Ersuchen der vietnamesischen Seite eine erneute Beratung, bei der uns in Ho Chi Minh Stadt (Saigon) ein vorhandenes militärisches Objekt vorgestellt wurde, das mit wenig baulichem Aufwand den Bedingungen angepasst werden konnte. Die baulichen Veränderungen als auch die Vorschläge der Ausbildungsprogramme wurden beraten und gemeinsam bestätigt.

Zielstellung:
In einer dreijährigen Ausbildung sollen technische Unteroffiziere herangebildet werden. Nach Abschluss einer zehnjährigen Schulausbildung kommen die Abgänger als Lehrlinge an die Schule und erhalten eine einjährige technische Grundausbildung in der Metallbearbeitung, oder Elektrotechnik/Elektronik oder in der Feinmechanik. Danach wird die Ausbildung in der Spezialverwendung fortgeführt.

Metallbearbeitung - Instandsetzung Kraftfahrzeuge
Instandsetzung Panzer /Schützenpanzer
Instandsetzung Pioniermaschinen

Instandsetzung Artillerie
Instandsetzung Schützenwaffen
Instandsetzung Fliegerabwehrwaffen

Elektrotechnik/
Elektronik - Instandsetzung Nachrichtentechnik
Instandsetzung chemische Aufklärungsgeräte
Instandsetzung Elektroaggregate
Instandsetzung Kommunikationstechnik (Wiedergabetechn.)

Feinmechanik - Instandsetzung optische Geräte

Nach einem Jahr Ausbildung in der Spezialverwendung werden die Lehrlinge dann Unteroffiziersschüler und schließen nach einem weiteren Jahr als Facharbeiter und Unteroffizier ab.

Nun ging es in die heiße Phase:
Die vietnamesische Seite hatte die Führung zu organisieren, den Umbau zu bewerkstelligen, ihre Struktur mit ausgebildeten und qualifizierten Armeeangehörigen zu besetzen, die notwendige Technik heranzuholen, aber auch die Unterkünfte und die Versorgungsanlagen für die Schüler zu errichten.
Die deutsche Seite, vorrangig Offiziere der MTS „EH“, hatten die Ausbildungsprogramme in die Endfassung zu bringen, die Ausstattung der Lehrklassen und Werkstätten zu bestimmen, die gesamte materielle Sicherstellung zu organisieren und alles für den Schiffstransport vorzubereiten.
Vor allem bei der Bereitstellung von Lehrgeräten, Werkzeugen und Ersatzteilen als auch Werkstattausrüstung haben alle zentralen Werkstätten und Lager der einzelnen Waffengattungen und Dienste eine hervorragende Arbeit geleistet.
Im März 1978 kamen aus allen Richtungen die verpackten Materialien, auf den Tag genau, im Rostocker Hafen an und wurden unter Leitung von Offizieren der MTS „EH“ verschifft.
Zur Entladung im Hafen von Ho Chi Minh Stadt wurde ein Vorkommando von 8 Offizieren und Unteroffizieren gebildet, die dann vor Ort im Juli 1978 die Entladung und Einlagerung aller Teile leiteten.
Im September 1978 folgten die Hauptkräfte zum Aufbau und Einrichtung der Ausbildungsbasis. Es waren 20 Spezialisten der einzelnen Waffengattungen, vorrangig Offiziere, Fähnriche und Unteroffiziere der MTS „EH“ unterstützt durch wenige Angehörige aus Truppenteilen und anderen Schulen.
Die deutschen Spezialisten arbeiteten von Anbeginn mit den vietnamesischen Lehrern zusammen, die dann in den gemeinsam errichteten Lehrklassen und Werkstätten die Ausbildung durchführen sollten.

Die vietnamesische Seite hatte auch viele Kader an die Schule geholt, die in der DDR eine Hochschule absolviert hatten und in der VVA Dienst taten. Damit war auch gleichzeitig die Sprachbarriere überwunden.
Es war eine konzentrierte und harte Arbeit, immerhin betrugen die Temperaturen für uns ungewohnte 35-38 Grad Celsius, in den Wellblechhallen bis zu 50 Grad.
Am 15. Dezember 1978 waren 43 Ausbildungsstätten eingerichtet und arbeitsbereit. Die offizielle Übergabe mit militärischem Zeremoniell fand am 15. Februar 1979 durch eine Militärdelegation unter Leitung des Hauptinspekteurs der NVA statt.

Da es in der VVA die modernste technische Lehreinrichtung war, entschloss man sich, die Technische Unteroffiziersschule in eine Technische Offiziershochschule weiterzuentwickeln. Gleichzeitig wurde auf Regierungsebene vereinbart, der Schule den Namen „Wilhelm Pieck“ zu verleihen.
Damit die offizielle Bezeichnung

Technische Offiziershochschule „Wilhelm Pieck“.

Der Gründungstag jedoch ist der 27.05.1978, an dem laut Befehl die Technische Unteroffiziersschule eröffnet und mit der Ausbildung begonnen wurde.

Diese Erweiterung hatte aber zur Folge, dass die Ausbildungsbasis erweitert werden musste. Vor allem für die naturwissenschaftliche und technische Grundlagenausbildung, die technische Sicherstellung bei Gefechtshandlungen, aber auch Grundlagen des Marxismus-Leninismus, Militärpädagogik und -psychologie. Mit dieser Aufgabe wurde die OHS „OW“ betraut.
Ab 1984 wurden wieder Verhandlungen zu den Ausbildungsprogrammen und den notwendigen 24 Lehrklassen und Kabinetten geführt.
1986 dann die beiderseitige Zustimmung zu den Programmen und zur Ausstattung der Lehrbasis. Sie sollte in 3 Etappen in den Jahren 1987/88, 1988/89 und 1989/90 durch Spezialisten der OHS „OW“ mit aufgebaut werden.
Die Verschiffung immer im September und der Aufbau im Januar/Februar des Folgejahres.
Alles verlief planmäßig bis auf den Spezialisteneinsatz 1990, der wegen der Wende nicht mehr stattfand.
Die vietnamesische Seite musste die letzten Lehrklassen/Kabinette ohne Unterstützung aufbauen.
Dass sie das, aufgrund der gesammelten Erfahrungen beim gemeinsamen Aufbau, hervorragend bewerkstelligt hatten, konnten Spezialisten bei Besuchen der Schule während Touristenreisen 1994 und 2002 in Augenschein nehmen.

Die Technische Offiziershochschule „Wilhelm Pieck" ist sehr erfolgreich und hat die Aufgabe, sich zu einer Akademie zu entwickeln.

An der OHS „OW" wurden u.a. Offiziere der Jemenitischen Armee im technischen und pädagogischen Bereich zum Lehrer qualifiziert, die dann an einer militärischen Lehreinrichtung in Sana eingesetzt waren.
Das war der Anlass zu Verhandlungen, um bei der Weiterentwicklung dieser Schule die Erfahrungen der NVA, und besonders der OHS „OW", zu nutzen.
Die mehrmaligen Verhandlungen begannen 1988 in Berlin.
Nach Anhörung der Bitten und Wünsche haben Lehrer der OHS „OW" Ausbildungsprogramme nach dem vorgegebenen Stundenvolumen erarbeitet und zu deren Umsetzung die erforderlichen Lehrklassen/Kabinette und Werkstätten konzipiert.
Mit diesen Vorschlägen fand im Mai 1989 in Sana eine mehrtätige Beratung statt, bei der Übereinstimmung erzielt wurde.
Dabei wurde auch der Umfang der gegen Bezahlung zu liefernden Ausrüstung festgelegt.
Geplant war die Erweiterung und Weiterentwicklung gemeinsam in den Jahren 1990/91 zu vollziehen.
Durch die Auflösung der NVA wurde dieses Projekt in der vorgesehenen Konzeption nicht verwirklicht.

13. Zeittafel OHS Otto Winzer

Zeittafel OHS Otto Winzer	
02.12.1980	Gründungskommandeur der OHS Generalmajor Helmut Geisler nimmt seine Tätigkeit auf
09.12.1980	Oberstltn. Dr. Dieter Reinhardt, Leiter des LS 09 nimmt seine Tätigkeit auf
17.12.1980	Oberst Heinz Frisch, Leiter des LS 06 nimmt seine Tätigkeit auf
01.02.1981	Oberst Heinig, Stellvertreter des Kommandeurs und Leiter der Politabteilung und Oberst Ullrich Stellvertreter des Kommandeurs für Ausbildung sowie Oberst Melz (LS 01), Oberst Goldammer (LS 03) und Oberst Schreier (LS 04) nehmen ihre Tätigkeit auf
01.05.1981	Oberst Plüschke (LS 02), Oberst Schoetzke (LS 05) nehmen ihre Tätigkeit auf

01.06.1981	Oberst Hain (LS 07) nimmt seine Tätigkeit auf
01.06.1981	Inkraftsetzung der Ausbildungsprogramme
01.09.1981	Eröffnung der Lehrtätigkeit und Verleihung des Namens „Otto Winzer" durch Ministerbefehl
09.12.1981	Übergabe der Truppenfahne durch den Stellvertreter des Ministers und Chef der Landstreitkräfte Generaloberst Stechbarth. Anwesend: Ella Rumpf, Schwester Otto Winzers
05.05.1982	1. Delegiertenkonferenz der Parteiorganisation der SED der OHS
08.09.1982	Minister Armeegeneral Hoffmann besucht die OHS
11.01.1983	2. Delegiertenkonferenz der Parteiorganisation der SED der OHS
30.09.1983	Oberst Dr. Reinhardt erhält an der MLU Halle-Wittenberg den akademischen Grad Dr. sc. paed. nach erfolgreicher Verteidigung verliehen
24.02.1984	Ministerbesuch – Ernennung der Zivillehrer zu Reserveoffizieren
01.09.1984	Dem Wissenschaftlichen Rat der OHS wird das Recht zur Verleihung akademischer Grade übertragen
08.09.1984	Oberst Dr. sc. paed. wird zum Ordentlichen Professor für Mathematisch-naturwissenschaftliche Grundlagen an der OHS Otto Winzer berufen
23.11.1984	1. Hochschulkonzert an der OHS
18.12.1984	Der Minister für das Hoch- und Fachschulwesen der DDR, Prof. Dr. Böhme, besucht die OHS
17.12.1985	3. Delegiertenkonferenz der SED der Parteiorganisation der OHS
21.02.1986	Der Vorsitzende des Staatsrates der DDR Erich Honecker verleiht der OHS den Vaterländischen Verdienstorden der DDR in Gold
18.03.1986	Lehrerkonferenz an der OHS
03.05.1986	1. Neuererberatung mit Ausstellung
18.11.1986	Vortrag Prof. Dr. Reinhardt an der Universität Rostock
06.08.1987	1. DAO des Hauptinspekteurs der NVA zur Ordnung Nr. 057/9/002 über die Aus- und Weiterbildung der Angehörigen der NVA wird herausgegeben

09.07.1988	1. Wohngebietsfest in Prora
09.12.1988	4. Delegiertenkonferenz der Parteiorganisation der SED der OHS und Parteiwahlen
23.09.1989	2. Wohngebietsfest in Prora
Juli 1989	Die OS Mawad und Khaddam aus Syrien verabschieden sich in Familie
05.02.1990	Offener Brief des Ministers für Nationale Verteidigung an die Kommandeure und Leiter von Dienststellen der NVA und Grenztruppen der DDR
23.02.1990	Fernschreiben von „Wostok 750“ (Deckname für Kommando Landstreitkräfte) in Vorbereitung der Wahlen zur Volkskammer am 18. März 1990
07.03.1990	Der Chef Landstreitkräfte erlässt AO 03/90 über Maßnahmen zur Berufsvorbereitung und Überleitung von Berufssoldaten und Zivilbeschäftigten der NVA in Arbeitsrechtsverhältnisse außerhalb der Streitkräfte der DDR
19.03.1990	Ordnung Nr. 030/9/016 des Ministers für Nationale Verteidigung Vertrauensmänner-/Sprecherordnung
20.04.1990	Die Volkskammer der DDR hört den Parlamentarischen Staatssekretär im Ministerium für Abrüstung und Verteidigung Dr. Bertram Wieczorek an
02.05.1990	Kommandeurstagung der NVA Referent Minister für Abrüstung und Verteidigung Reiner Eppelmann
08.06.1990	Gründung des Instituts für Konversion der Streitkräfte (IKOS) an der Militärakademie Dresden Direktor: Dr. sc. mil. Christian Machon
15.06.1990	Befehl Nr. 1 für die Handhabung der Rahmenrichtlinie „Dienstliche und außerdienstliche Kontakte zwischen Angehörigen der Bundeswehr und der Nationalen Volksarmee“ 3. Panzerdivision 2150 Buxtehude Estetalkaserne (Als Muster für die NVA gültig)
22.06.1990	1. Ordentlicher Gewerkschaftstag der GZB (Gewerkschaft der Zivilbeschäftigten)

25.06.1990	Mitglieder des Hauptvorstandes ÖTV/Abteilung Bundeswehr Hptm. d. R. Albert Faden und Major Martin Reißmann Hauptvorstand der Gewerkschaft der Armeeangehörigen weilten an der OHS
06.07.1990	Ministerrat der DDR Ministerium für Abrüstung und Verteidigung Schreiben des Chefs des Hauptstabes der NVA GL Grätz an die Zivilbeschäftigten und Gewerkschaftler
09.07.1990	OHS Otto Winzer Der Kommandeur Informationen für die Armeeangehörigen und Zivilbeschäftigten zu wesentlichen Aussagen des Bundespersonalvertretungsgesetzes
24.07.1990	Brief von Admiral Theodor Hoffmann an den Ministerpräsidenten Lothar de Maizière
31.07.1990	Prof. Dr. sc. D. Reinhardt äußert sich schriftlich an das MfAV
15.08.1990	Befehl Nr. 55/90 des Kommandeurs der OHS über Übernahme/Übergabe Dienstgeschäfte
29.08.1990	Vorbehaltserklärung zum Befehl 26/90 vom Verband der Berufssoldaten e. V. der OHS Kommission Militärreform u. Rechtsfragen
10.09.1990	NVA OHS Prora Aufgabenstellung des Kommandeurs vom 10.09.1990 über die Aufgaben der Offiziershochschule Prora bis zum 03.10.1990
12.09.1990	MfAV Chef Militärbauwesen und Unterbringung/Ökologie Entscheidungsvorschlag zur Präzisierung der Ziffer 11 der Ordnung Nr. 010/9/006 des Ministers für Nationale Verteidigung über die Wohnraumversorgung der Berufsoffiziere, Fähnriche, Berufsunteroffiziere und Zivilbeschäftigten – Wohnraumversorgungsordnung – vom 01.Juli 1987
27.09.1990	Hausmitteilung 28/90 des Leiters der Allgemeinen Abteilung
02.10.1990	Offizielle Entlassung aller Zivilbeschäftigten und Auflösung der OHS, Beginn der „Warteschleife“

14. Bilder besonderer Anlässe

Bild 47 • Empfang des Ministers für Nationale Verteidigung und des Stellv. des Ministers und Chef der Landstreitkräfte an der OHS durch AMK am 08.09.1982

Bild 48 • Blumen für den Minister im LS Mathematik-Naturwissenschaften/Ingenieurtechn. Grundlagen durch Lektorin Dr. Sieglinde Schwidtmann 08.09.1982

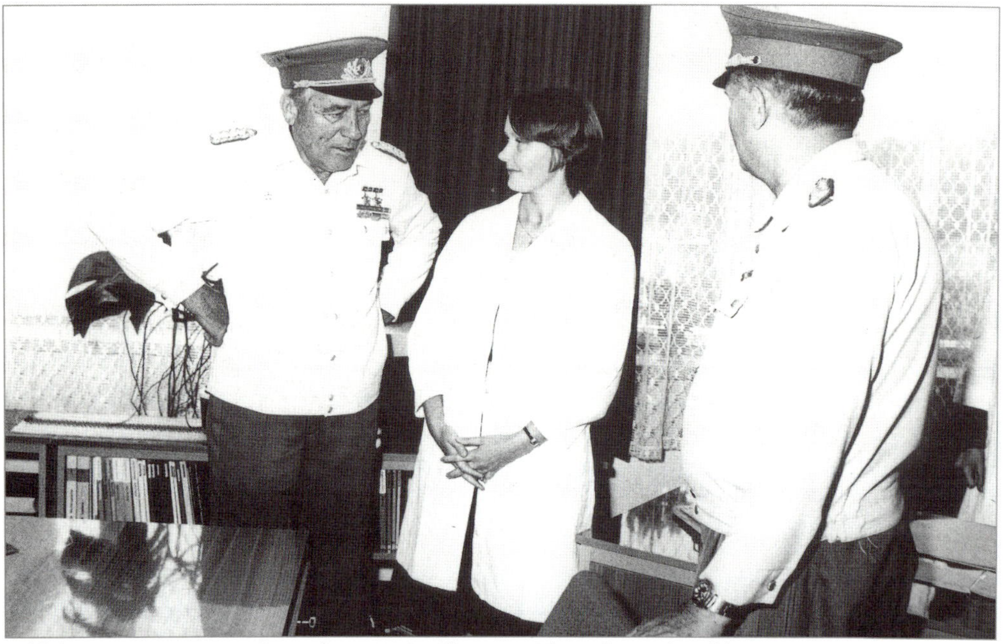

Bild 49 • Der Minister im Gespräch mit LHD Christiane Kleineidam Lehrstuhl 09 08.09.1982

Bild 50 • Minister für Nationale Verteidigung Armeegeneral Heinz Hoffmann im Unterricht bei LHD Sonja Lichtwark Thema „Wasseraufbereitung" 08.09.1982

Bild 51 • Der Minister für Nationale Verteidigung Armeegeneral Heinz Hoffmann im Gespräch mit AMK aus der VDRJ 08.09.1982

Bild 52 • Armeegeneral Hoffmann, Minister für Nationale Verteidigung im Gespräch mit AMK der VDRJ 08.09.1982

Bild 53 • Fliegerkosmonaut Oberst Siegmund Jähn im Gespräch mit dem Kommandeur der OHS Generalmajor Helmut Geisler

Bild 54 • Fliegerkosmonaut Oberst Siegmund Jähn besucht die OHS - Besichtigung der Basis

Bild 55 • Fliegerkosmonaut Oberst Jähn besichtigt die Ausbildungsbasis mit dem Kdr. der OHS und dem Leiter der Politabteilung

Bild 56 • Siegmund Jähn im fröhlichen Gespräch mit AMK

Bild 57 • Generalmajor Geisler empfängt afrikanische Militärs

Bild 58 • Generalmajor Geisler mit afrikanischem Attaché

Bild 59 • Delegation von Militärs aus Ostasien an der OHS

Bild 60 • Ein Blumengruß für den Vorgesetzten aus dem Heimatland

DER VORSITZENDE DES STAATSRATES
DER
DEUTSCHEN DEMOKRATISCHEN REPUBLIK
VERLEIHT
DER

Offiziershochschule
»Otto Winzer«
der Landstreitkräfte

DEN

VATERLÄNDISCHEN VERDIENSTORDEN
IN GOLD

IN WÜRDIGUNG AUSSERORDENTLICHER
VERDIENSTE BEIM AUFBAU UND BEI DER
ENTWICKLUNG DER SOZIALISTISCHEN
GESELLSCHAFTSORDNUNG UND DER STÄRKUNG
DER DEUTSCHEN DEMOKRATISCHEN REPUBLIK

BERLIN, DEN 21. FEBRUAR 1986

Bild 61a, b • Generaloberst Stechbarth heftet die Ordensschleife an die Truppenfahne zur Auszeichnung der OHS mit dem Vaterländischen Verdienstorden in Gold am 1. März 1986

Für hervorragende Leistungen in der Parteitagsinitiative wurden anläßlich des 30. Jahrestages der NVA ausgezeichnet:

- die Offiziershochschule „Otto Winzer" mit dem Vaterländischen Verdienstorden in Gold
- das Kollektiv des Lehrstuhls Artillerie, Lehrstuhlleiter Oberst Schoetzke, mit dem Kampforden für Verdienste um Volk und Vaterland in Bronze
- die 4. Ausbildungskompanie, Kompaniechef Major Klose, mit der Verdienstmedaille der NVA in Gold

Bild 62 • Auszeichnung zum 30. Jahrestag der NVA am 01.03.1986

Bild 63 • Besuch einer vietnamesischen Delegation von Militärwissenschaftlern an der OHS „Ernst Thälmann“ am 31.03.1978 zur Vorbereitung gemeinsamer Ausbildung und Forschung NVA und Vietnamesische Armee

Bild 64 • Verhandlung der Militärwissenschaftler der NVA und Vietnams zur gemeinsamen Ausbildung und Forschung 31.03.1978 an der OHS „Ernst Thälmann“

15. Anlagen von Originaldokumenten aus dem Bereich der Offiziershochschule „Otto Winzer“

NATIONALE VOLKSARMEE

FÜR DEN SCHUTZ DER ARBEITER-UND-BAUERN-MACHT

09. Dezember 1981

Verleihung der Truppenfahne und des Traditionsnamens

»Otto Winzer«

an die Offiziershochschule.

Erinnerungskarte für die Verleihung der Truppenfahne

FÜR DEN SCHUTZ DER ARBEITER-UND-BAUERN-MACHT

Überreicht anläßlich Ihrer

Verabschiedung

nach mehrjährigem erfolgreichen Studium
in der DDR

Prora, den

Heinig
Oberst

Stellvertreter des Kommandeurs und
Leiter der Politabteilung

Geisler
Generalmajor

Kommandeur der
Offiziershochschule

Verabschiedungskarte

Auswahl und Strukturierung
mathematisch-naturwissenschaftlicher Bildungsinhalte
für ausländische Militärkader — ein didaktischer Beitrag
zur Ausarbeitung einer Lehrplantheorie
in der Militärpädagogik

Der Philosophischen Fakultät des Wissenschaftlichen Rates der

Martin-Luther-Universität Halle-Wittenberg

als Dissertation

zur Erlangung des akademischen Grades

des Doktors der Wissenschaften

vorgelegt von

Oberst Dr.-Ing. Dieter Reinhardt

geboren am 26. Januar 1936

Prora im Juli 1983

Deckblatt zur 2. Doktorarbeit von Oberst Dr.-Ing. Dieter Reinhardt

NATIONALE VOLKSARMEE
OFFIZIERSHOCHSCHULE
„OTTO WINZER“

THESEN

zur

DISSERTATION

Auswahl und Strukturierung
mathematisch-naturwissenschaftlicher Bildungsinhalte
für ausländische Militärkader — ein didaktischer Beitrag
zur Ausarbeitung einer Lehrplantheorie
in der Militärpädagogik

vorgelegt von

Oberst Dr.-Ing. Dieter Reinhardt

Deckblatt zu den Thesen zur Doktorarbeit

SINFONISCHE ESTRADE

Erstes Hochschulkonzert der Offiziershochschule der NVA in Prora

23. November 1984 · 19.30 Uhr

HAUS DER ARMEE

MITWIRKENDE

OVIDIU CRISTEA, Violine – VR Rumänien

CHRISTOPH TAUBERT, Piano – DDR, Schumann-Preisträger

Das Staatliche Estradenorchester des Bezirkes Neubrandenburg

Dirigent: MD Heinz Igel, Kunstpreisträger der DDR

Programm

1. Ouvertüre zur Oper „Der Freischütz"	Carl Maria von Weber – 1786–1826 –
2. Violin-Konzert Nr. 1 C-Dur 2. Satz – Adagio – Konzertmeister: Ovidiu Cristea	Joseph Haydn – 1732–1809 –
3. Sinfonie Nr. 8 h-Moll – Unvollendete – 1. Satz – Allegro moderato – 2. Satz – Andante con moto	Franz Schubert – 1791–1828 –
4. Klavierkonzert b-Moll op. 23 1. Satz: Allegro non troppo e molto maestoso Christoph Taubert – Schumann-Preisträger	Peter Tschaikowski – 1840–1893
5. Mein Vaterland – Sinfonische Dichtung Nr. 2 Die Moldau	Bedřich Smetana – 1824–1884 –

Änderungen vorbehalten

Programm zum 1. Hochschulkonzert am 23.11.1984

OFFIZIERSHOCHSCHULE «Otto Winzer»

Einladung

Anläßlich des

8. FESTES

DER INTERNATIONALEN FREUNDSCHAFT

findet am 17. Juni 1989 um 19.15 Uhr im HdA Prora

ein

TANZABEND

statt.

Dazu erlaube ich mir, Sie und Ihren Ehepartner

herzlich einzuladen.

Kommandeur SEEFELDT

Generalleutnant

Einladung zum 8. Fest der Internationalen Freundschaft

FÜR HERAUSRAGENDE
FORSCHUNGSLEISTUNGEN
AUF DEM GEBIET DER

PROGRAMMTHEORIE

WIRD

Prof. Dr. sc. Reinhardt, Dieter

am 01.12.1989

DER

„WISSENSCHAFTSPREIS"

DER

OFFIZIERSHOCHSCHULE

„Otto Winzer"

VERLIEHEN

DDR
Nationale Volksarmee
Dienstsiegel

Seefeldt
Generalleutnant

Prora, den 30.11.89

Kommandeur

Verleihungsurkunde zum Wissenschaftspreis der OHS vom 01.12.1989

Wir begrüßen Sie recht herzlich und wünschen Ihnen angenehme Stunden in der großen internationalen Familie der Offiziershochschule "Otto Winzer".

. als Höhepunkte des Programms erwarten Sie:

08.45 - 09.15 Uhr	Platzkonzert der Militärmusikschüler
09.15 - 09.45 Uhr	Modenschau (Bühne 1 an der MHO-Gaststätte) mit anschließendem Verkauf von Jugendmodeerzeugnissen ab 10.00 Uhr
09.00 - 12.00 Uhr	Hobbyausstellung (Besucherraum)
09.30 - 11.15 Uhr	Auftritt des Ensemble "Freundschaft" und der Kulturgruppen der Nationen (Bühne 2 am TH 3)
10.00 - 10.15 Uhr	Karatevorführung (Bühne 1)
10.15 - 10.30 Uhr	öffentliche Auslosung des Preisausschreibens zum 40. Jahrestag der DDR (Bühne 1)
10.45 - 10.50 Uhr	Ehrung der Sieger in der Mathematikolympiade (Bühne 2)
10.30 - 11.30 Uhr	Konzert der Gruppe "Cantarè" (Bühne 1)
12.00 Uhr	musikalische Verabschiedung durch die Militärmusikschüler

Programm zum 8. Fest der Internationalen Freundschaft vom 18.06.1989

- speziell für die Kinder sind vorbereitet:

  Bastelstraße, Trickfilmkino (Mehrzweckraum), Kinderspiele, Kutschfahrten, Reitpferd, Maskenbildnerei, Technikausstellung und Luftgewehrschießen (Platz vor den neuen Garagen) sowie Kindergeschenke (Ausgabe ab 11.00 Uhr)

- für das leibliche Wohl sorgen:

  09.30 - 11.00 Uhr Stände der Nationen mit Verkostung von Nationalgerichten

  09.15 - 12.00 Uhr MHO-Gaststätte mit einem Frühschoppen

  11.45 - 12.30 Uhr Mittagessen aus der Feldküche

- 09.15 Uhr

  öffnen die Verkaufsstände für Keramik, Handwebwaren, Spezialbrot, Fischerzeugnisse, Holzkohle, Blumen, Kuchen sowie die Verkaufsstellen der MHO und die Buchverkaufsstelle

- Abfahrtzeiten der Busse:

Saßnitz	08.15 Uhr
Sagard POS	08.30 Uhr
Bergen Schmiede	08.25 Uhr
Bergen Süd	08.30 Uhr
Rückfahrt ab	12.30 Uhr

- Toiletten befinden sich im TH 3 (Damen) und im TH 4 (Herren) sowie in der MHO-Gaststätte

Ag 117/XL III-80/88 /89

LLS

Nur zur Verwendung an der Offiziershochschule „Otto Winzer"

NATIONALE VOLKSARMEE
OFFIZIERSHOCHSCHULE „OTTO WINZER"

STUDIENPROGRAMM

zur länderkundlichen Grundlagenausbildung
für Offiziere des Stammpersonals und Lehrer im Hochschuldienst
nach der Dienst- bzw. Arbeitsaufnahme
an der Offiziershochschule „Otto Winzer"

1989

Studienprogramm zur länderkundlichen Grundlagenausbildung für Offiziere des Stammpersonals und LHD nach Dienst- bzw. Arbeitsaufnahme an der OHS „Otto Winzer"

<u>Nur zur Verwendung an der Offiziershochschule "Otto Winzer"</u>

N A T I O N A L E   V O L K S A R M E E
O F F I Z I E R S H O C H S C H U L E
" O t t o   W i n z e r "

Bestätigt:
Kommandeur

Seefeldt
Generalleutnant

S T U D I E N P R O G R A M M

zur länderkundlichen Grundlagenausbildung für Offiziere des Stammpersonals und Lehrer im Hochschuldienst nach der Dienst- bzw. Arbeitsaufnahme an der Offiziershochschule "Otto Winzer"

1 9 8 9

Werte Genossin!
Werter Genosse!

Sie haben Ihre Tätigkeit an unserer Offiziershochschule aufgenommen.
Damit Sie Ihre Aufgaben erfolgreich lösen können, ist es notwendig, daß Sie sich mit grundlegenden Problemen der Staaten Asiens, Afrikas und Lateinamerikas vertraut machen.
Dieses Studienprogramm soll Ihnen dabei helfen.
Es ist außerdem erforderlich, daß Sie sich auch künftig ständig über aktuelle Entwicklungsprozesse in diesen Regionen, insbesondere in den an der Lehreinrichtung vertretenen Ländern, informieren.

Ich wünsche Ihnen bei dieser notwendigen Arbeit zu Ihrer persönlichen Qualifizierung viel Erfolg.

1. Aufgabenstellung

Das vorliegende Studienprogramm ist unmittelbar nach erfolgter Zuversetzung bzw. Aufnahme Ihrer Tätigkeit an der Lehreinrichtung zu absolvieren.
Die inhaltlichen Schwerpunkte sind auf der Grundlage der angegebenen Literatur im individuellen Selbststudium zu erarbeiten. Dafür sind 18 Stunden während der Dienstzeit im persönlichen Arbeitsplan nachzuweisen und durch den jeweiligen Vorgesetzten zu bestätigen.

2. Zielstellung

Mit der Absolvierung des Studienprogrammes wird das Ziel verfolgt, Sie
- mit grundlegenden Fragen der Entwicklungsprozesse in den Ländern Asiens, Afrikas und Lateinamerikas vertraut zu machen;
- bei der Vertiefung Ihrer Kenntnisse über die Außenpolitik der SED zur Festigung des Bündnisses mit den Staaten dieser Regionen zu unterstützen;
- in die Lage zu versetzen, die hohe politische Verantwortung des Stammpersonals im Prozeß der Ausbildung und Erziehung an der Lehreinrichtung bewußt zu erkennen;
- zu befähigen, die in der Ausbildung und Erziehung zu lösenden Aufgaben schöpferisch unter Beachtung der konkreten Lage zu erfüllen.

3. Hinweise

- Studieren Sie das Programm der SED, Berlin 1983, S. 13-21 und S. 85-88
  Weitere Grundsatzdokumente der SED zu den Fragen des Zusammenwirkens mit den Ländern Asiens, Afrikas und Lateinamerikas im Kampf um Frieden, Sicherheit und Fortschritt werden als bekannt vorausgesetzt.
- Erwerben Sie sich Grundkenntnisse über die Herkunftsländer der Militärkader. Nutzen Sie dazu die Anschauungstafeln im Länderkabinett und das Handbuch "Länder der Erde".

- Alle im Programm angegeben Materialien sind im Länderkabinett vorhanden.

- Der Leiter des Länderkabinettes stellt auf Anforderung die für das Studium benötigte Literatur bereit und gewährt Ihnen die notwendigen Konsultationen.

4. Studienschwerpunkte

4.1. Die Staaten Asiens, Afrikas und Lateinamerikas
- Entstehung, sozialökonomische Strukturen, die differenzierten Entwicklungswege, die Rolle dieser Staaten in der internationalen Arena

Literatur:

- "Entwicklungsländer heute. Revolutionäre Kräfte im Kampf für Frieden und sozialen Fortschritt"
  Dietz Verlag Berlin 1989, S. 5 - 65
- "Wege zur Unabhängigkeit. Die antikoloniale Revolution in Asien und Afrika und die Zukunft der Entwicklungsländer"
  VEB Deutscher Verlag der Wissenschaften Berlin 1989, S. 7-24

4.2. Die politische Macht in den Entwicklungsländern

Literatur:

- "Politische Macht und Verfassung in Entwicklungsländern"
  Aktuelle Beiträge der Staats- und Rechtswissenschaft Potsdam 1988, S. 17-28

4.3. Das Wesen und der sozialökonomische Inhalt der sozialistischen Orientierung

Literatur:

- "Politische Macht und Verfassung in Entwicklungsländern"
  Aktuelle Beiträge der Staats- und Rechtswissenschaft Potsdam 1988, S. 45-56
- "Handbuch Entwicklungsländer. Sozialökonomische Prozesse, Fakten und Strategien"
  Verlag Die Wirtschaft Berlin 1987, S. 92-96

4.4. Entstehung, Charakter und Funktionen der Streitkräfte der Länder mit sozialistischer Orientierung am Beispiel von Armeen afrikanischer Staaten

Literatur:

- Forschungshefte der Militärpolitischen Hochschule "Wilhelm Pieck" Berlin 1988, S. 13-67

Ag 117/XL III-80/53/89

6

NATIONALE VOLKSARMEE
OFFIZIERSHOCHSCHULE
"Otto Winzer"
Lehrstuhl Technik
und Bewaffnung

O.U., den 20. Oktober 1988

Bestätigt:

Leiter des Lehrstuhls — gez.: Dipl.-Ing. Frisch, Oberst

W i s s e n s s p e i c h e r

Grundlagen der

waffentechnischen Ausbildung

Erarbeitet:

Leiter der Fachgruppe RWD — Dipl.-Ing. Voltz, Oberstleutnant

in Zusammenarbeit mit:

Fachlehrer RWD — Dipl.-Ing. Renger, Oberstleutnant

Fachlehrer RWD — Ing. Johannsen, Oberstleutnant

0393

Offener Brief

des Ministers für Nationale Verteidigung
vom 5. Februar 1990

an die Kommandeure und Leiter von Dienststellen der
Nationalen Volksarmee und der Grenztruppen der DDR

Auf Beschluß der Volkskammer finden die Wahlen zur höchsten Volksvertretung und Kommunalwahlen statt. Es werden die ersten wirklich freien, allgemeinen, gleichen, direkten und geheimen Wahlen in der Geschichte unseres Landes sein.

Erstmals werden Parteien, politische Vereinigungen und vielleicht auch Direktkandidaten mit unterschiedlichen, ja gegensätzlichen Programmen um die Gunst der Wähler kämpfen. Und das in extrem kurzer Vorbereitungszeit. Schnelles Handeln ist geboten.

Wie die vergangenen Tage gezeigt haben, wirft die entstandene Situation verständlicherweise viele Fragen auf. Vieles ist ungewohnt und neuartig.

Zu Recht wird eine unmißverständliche Haltung der Streitkräfte zu diesem bedeutenden demokratischen Prozeß erwartet. Als mündiger Bürger hat der Angehörige der NVA und der Grenztruppen der DDR selbstverständlich das uneingeschränkte Recht, sich am Wahlkampf zu beteiligen, sich über die Positionen der Parteien, politischen Vereinigungen und Kandidaten umfassend zu informieren und sich im Sinne seiner politischen Überzeugungen zu betätigen.

Das neue Selbstverständnis der Nationalen Volksarmee als Armee des ganzen Volkes schließt jedoch aus, daß sie einer oder mehreren Parteien verpflichtet ist. Sie kann und darf – demokratisch erneuert – nur parteiunabhängig sein.

Mit diesem Ziel wurden die Parteiorganisationen der SED-PDS innerhalb der Streitkräfte aufgelöst.

Bis zum 15. Februar dieses Jahres werden die bisherigen Politorgane, die als leitende Parteiorgane arbeiteten, endgültig aufgelöst.

Offener Brief des Ministers vom 5. Februar 1990

Jeder Versuch, dieses Prinzip der Parteienunabhängigkeit zu durchbrechen, gefährdet die politische Stabilität der Streitkräfte und die Erfüllung des Verfassungsauftrages. Eine Darstellung ihrer Wahlziele und Kandidaten wäre für die Parteien und politischen Vereinigungen unter militärischen Bedingungen ohnehin nicht zu gewährleisten. Deshalb kann Wahlpropaganda mündlich, schriftlich oder visuell für keine Partei oder politische Vereinigung in den Dienststellen der NVA und der Grenztruppen der DDR zugelassen werden. Die Nutzung der Massenmedien wird davon natürlich nicht berührt. Symbolik, die der gültigen Verfassung und den Gesetzen der Deutschen Demokratischen Republik widerspricht, ist innerhalb militärischer Objekte nicht gestattet.

Zugleich steht jeder Chef, Kommandeur und Leiter in der Pflicht, den Angehörigen seiner Dienststelle die Teilnahme an Wahlveranstaltungen nach der Dienstzeit zu ermöglichen und die Aktivitäten der Angehörigen der NVA und der Grenztruppen der DDR für Parteien und politische Vereinigungen außerhalb der Objekte zu unterstützen. Dazu gehört auch, bei entsprechenden Möglichkeiten den Parteien und politischen Vereinigungen auf Wunsch Räume für Wahlveranstaltungen in kulturellen Einrichtungen der NVA und der Grenztruppen der DDR außerhalb der militärischen Objekte auf vertraglicher Basis zur Verfügung zu stellen.

Über die Teilnahme an Wahlveranstaltungen hinaus sollte vor allem die staatsbürgerliche Bildung breit genutzt werden, um das Informationsbedürfnis der Angehörigen der Streitkräfte, insbesondere zu den wahlrechtlichen Regelungen, umfassend zu befriedigen.

Dieser Standpunkt sollte den Angehörigen der Nationalen Volksarmee und der Grenztruppen der DDR im offenen, kameradschaftlichen Gespräch erläutert und bei den Vertretern der Parteien und politischen Bewegungen um Verständnis für dieses Herangehen geworben werden.

Organisatorische Festlegungen über die Wahrnehmung des Wahlrechts der Angehörigen der NVA und der Grenztruppen der DDR werden durch den Minister für Nationale Verteidigung gesondert befohlen.

Ag 117 XXVI-06/814--90

ÜS 09

Bekanntgabe am 27.2.90 zum Lehrstuhl ...

A b s c h r i f t

Fs vom 23. 02. 1990 von Wostock 750

In den letzten Tagen ist erneut Unruhe in die Reihen der Nationalen Volksarmee ~~in~~ und der Westgruppe der Streitkräfte der UdSSR getragen worden.
Aus verschiedenen Kreisen der Bevölkerung werden ungerechtfertigte Forderungen nach Schließung von Truppenübungsplätzen, Übergabe von Objekten und Wohnungen sowie nach der Einstellung von Ausbildungselementen erhoben.
In der Nationalen Volksarmee gibt es Versuche, die Auflösung von Einheiten, die sofortige Beendigung des Wehrdienstes oder Versetzungen in andere Standorte zu erzwingen.
Begünstigt wird diese Entwicklung durch die anhaltende Sorge vieler Soldaten und Unteroffiziere um ihren Arbeitsplatz nach der planmäßigen Entlassung aus dem aktiven Wehrdienst und vieler Berufssoldaten um ihr Schicksal bei weiterer Reduzierung der Streitkräfte. Es besteht außerdem die Gefahr, daß die Nationale Volksarmee zum Objekt des Wahlkampfes wird und durch emotionale Aufrufe, Reaktionen ausgelöst werden, die der Kontrolle entgleiten
Ich verweise nochmals darauf, daß alle Versuche, durch Streiks und ultimative Forderungen persönliche Interessen gegen bestehende Gesetze und militärische Bestimmungen durchzusetzen, Ordnung und Sicherheit aufs Spiel setzen, die Erfüllung des Verfassungsauftrages ernsthaft gefährden und damit zur Destabilisierung der politischen Lage in unserem Lande beitragen.
Dagegen muß geschlossen und entschieden Front gemacht werden.
Engere Einbeziehung der direkten Vorgesetzten, ständige Zusammenarbeit mit den örtlichen Organen und allen an der Stabilisierung der Lage in unserem Lande interessierten Parteien und Bewegungen, vor allem aber ein offenes, kameradschaftliches Zusammenwirken mit den gewählten Vertretern der Armeeangehörigen sind dafür entscheidende Voraussetzungen.
Die Armeeführung kennt und versteht die Sorgen der Armeeangehörigen um ihre soziale Sicherheit und sie setzt sich für gerechte und schnelle Lösungen ein.

AG 1117 / XVIII - 659 / 116 / 90

Fernschreiben vom 23.02.1990 von Wostock 750

- 2 -

Am 26. Februar werde ich vor dem Runden Tisch unseren Standpunkt zur gesellschaftlichen Rolle der Nationalen Volksarmee und zu ihrer notwendigen Unterstützung durch alle politischen Parteien und Bewegungen nachdrücklich geltend machen. Ich empfehle die entsprechenden Meldungen und Übertragungen der Medien zu verfolgen.
Am 01. März 1990 wird sich der Ministerrat mit der Vorbereitung von Berufssoldaten auf Tätigkeiten im zivilen Bereich und mit der sozialen Sicherstellung der Armeeangehörigen und Zivilbeschäftigten befassen.
Am 02. März 1990 wird eine Kommandeurstagung der NVA und der Grenztruppen durchgeführt, um über die aktuelle Lage in der DDR zu informieren und gemeinsam die nächsten Aufgaben zur Festigung der Streitkräfte und zur Fortführung der Militärreform zu beraten
Über alle wichtigen Entscheidungen werden sie weiterhin unverzüglich informiert.
Ich erwarte von Ihnen, daß Sie den Inhalt dieses Fernschreibens Ihren Unterstellten so schnell wie möglich bekannt geben und daß Sie Ihren ganzen persönlichen Einfluß geltend machen, um beruhigen und konstruktiv auf die Stimmung unter den Armeeangehörigen und Zivilbeschäftigten einzuwirken, um das Ansehen unserer Armee zu erhalten und damit zur Stabilisierung im Lande beizutragen.
Auch das gehört zur Vorbereitung der Wahlen zur Volkskammer am 18. März 1990.

LLS 09

NATIONALE VOLKSARMEE
LANDSTREITKRÄFTE

ANORDNUNG Nr. 03/90

des Chefs der Landstreitkräfte

über

Maßnahmen zur Berufsvorbereitung und Überleitung von Berufssoldaten und Zivilbeschäftigten der NVA in Arbeitsrechtsverhältnisse außerhalb der Streitkräfte der DDR

vom 07. 03. 1990

Auf der Grundlage des Befehls Nr. 23/90 des Ministers für Nationale Verteidigung ist im Zusammenhang mit der bevorstehenden Reorganisation und Reduzierung der NVA für Berufssoldaten und Zivilbeschäftigte der Übergang aus dem Dienst- bzw. Arbeitsrechtsverhältnis der NVA in Arbeitsrechtsverhältnisse außerhalb der Streitkräfte zu organisieren und Maßnahmen zu ihrer beruflichen Vorbereitung zu realisieren.

Zur Koordinierung aller damit im Zusammenhang stehenden Aufgaben und Maßnahmen wurde durch den Minister für Nationale Verteidigung ein

"Bevollmächtigter des Ministers für Nationale Verteidigung für die Berufsvorbereitung und Überleitung von Berufssoldaten und Zivilbeschäftigten in Arbeitsrechtsverhältnisse außerhalb der Streitkräfte" (nachfolgend Bevollmächtigter)

eingesetzt und ab 01.03.1990 ein Strukturorgan mit der Bezeichnung

"Amt für die Berufsvorbereitung und Überleitung von Berufssoldaten"

aufgestellt.

Ag 117 XI III - 03 - 361 - 89

AO des Chefs Landstreitkräfte 03/90 vom 07.03.1990

- 2 -

Standort: STRAUSBERG, Prötzeler Chaussee
Postfach: 598 80

Zur Erfüllung der im o.g. Befehl des Ministers für Nationale Verteidigung gestellten Aufgaben

ORDNE ICH AN:

1. Mit dem Ziel der Überleitung aller zu entlassenden Berufssoldaten und zu kündigenden Zivilbeschäftigten in Tätigkeiten außerhalb der Streitkräfte (nachfolgend Überleitung) sind folgende Hauptaufgaben, auf der Grundlage staatlicher Entscheidungen und entsprechender militärischer Bestimmungen, zu lösen:
   - Organisation der Umschulung und Qualifizierung in der NVA bzw. Information über Umschulungs- und Qualifizierungsmöglichkeiten in anderen Bereichen;
   - Aufbau eines effektiven Systems zur Arbeitsvermittlung;
   - Arbeitsplatzbeschaffung unter Nutzung von materiellen Fonds und Grundstücken der NVA;
   - Unterstützung bei der Wohnraumversorgung.

2. (1) Zur Koordinierung aller damit im Zusammenhang stehenden Aufgaben und Maßnahmen wird im Kommando der Landstreitkräfte ein

   "Beauftragter des Chefs der Landstreitkräfte für die Berufsvorbereitung und Überleitung von Berufssoldaten und Zivilbeschäftigten in Arbeitsrechtsverhältnisse außerhalb der Streitkräfte" (nachfolgend Beauftragter) eingesetzt.

   Die Aufgabe wird mit sofortiger Wirkung durch Oberst Bertram wahrgenommen. Er ist dem Chef der Landstreitkräfte diesbezüglich direkt unterstellt.

   (2) Beim Beauftragten im Kommando der Landstreitkräfte ist eine nichtstrukturmäßige Arbeitsgruppe von je einem Offizier der Bereiche Kader, Ausbildung, Finanzökonomie, Technik und Bewaffnung, Militärbauwesen/Unterbringung, Organisation und einem Vertreter der BGL zu bilden.

   Die Arbeitsbereitschaft dieser Arbeitsgruppe ist bis zum 15. 03. 1990 herzustellen.

- 3 -

(3) In den Kommandos der Militärbezirke sind gleichartig zusammengesetzte nichtstrukturmäßige Arbeitsgruppen unter Leitung eines durch den Chef des Militärbezirkes beauftragten Chefs/Leiters zu bilden.
In den Führungsorganen der Verbände und Ausbildungszentren sowie in den Offiziershochschulen "Ernst Thälmann", "Otto Winzer" und der Militärtechnischen Schule "Erich Habersaath" sind Beauftragte mit Stellvertreter einzusetzen.

Die Beauftragten in den o.g. Führungsebenen sind mir bis zum 14.03.1990 namentlich mit Angabe der Fernsprechverbindung im StN zu melden.

(4) Bei den Chefs/Leitern der Wehrkommandos sind in Verantwortlichkeit der Chefs der Militärbezirke, falls erforderlich durch zusätzliche Kommandierungen, nichtstrukturmäßige Unterabteilungen/Arbeitsgruppen in einer Stärke von 1 bis 5 Offiziere/Zivilbeschäftigte zu bilden. (WBK eine UA mit 3 bis 5 Offz./ZB, WKK eine AG mit 1 bis 3 Offz./ZB).

Die Stärke der Strukturelemente ist abhängig von der im Territorium befindlichen Anzahl von Berufssoldaten und Zivilbeschäftigten sowie von der Aufnahmefähigkeit der Kreise (industrielle Ballungsgebiete).

Bei der Überarbeitung des STAN bzw. der Neustrukturierung der Wehrkommandos sind diese Strukturelemente aufzunehmen.

Die Aufnahme der Arbeitsbereitschaft ist bis zum 15.03.1990 zu gewährleisten.

Die Offiziere/Zivilbeschäftigten der UA/AG in den Wehrkommandos haben bereit zu sein, kurzfristig auf die zu lösenden Aufgaben vorbereitet und periodisch qualifiziert zu werden.

<u>Hauptaufgaben der UA/AG</u>

- Erfassung von freien Arbeitsstellen im Territorium
- Erfassung von Ausbildungs-/Qualifizierungsmöglichkeiten im Territorium und Information des Bevollmächtigten

- 4 -

- Zusammenarbeit mit
  - Amt für Arbeit
  - Betrieben, Genossenschaften u.ä.
  - staatlichen und betriebseigenen Bildungseinrichtungen
- Unterstützung der Kommandeure/Leiter der im Territorium dislozierten Truppenteile/Einrichtungen bei der Beratung der Berufssoldaten und Zivilbeschäftigten
- Entgegennahme und Vermittlung aller Bewerbungen von Berufssoldaten und Zivilbeschäftigten für Betriebe/Einrichtungen usw. des Kreises
- Bearbeitung der finanziellen Leistungen
- Unterstützung bei der Wohnraumversorgung

(5) In den Unterkunftsabteilungen werden zeitweilige Arbeitsgruppen für die territoriale Erfüllung der Aufgaben und das Zusammenwirken mit den Wehrkommandos gebildet.

3. Die Überleitung der zu entlassenden Berufssoldaten und zu kündigenden Zivilbeschäftigten in Tätigkeiten außerhalb der Streitkräfte hat weitestgehend nach dem Territorialprinzip zu erfolgen.

4. Der Beauftragte des Chefs der Landstreitkräfte ist berechtigt, an die nachgeordneten nichtstrukturmäßigen Arbeitsgruppen, im Interesse der schnellen Durchsetzung getroffener Festlegungen, notwendige Weisungen zu erteilen.

5. Für die Kontrolle und Durchsetzung dieser Anordnung ist der Beauftragte im Kommando der Landstreitkräfte verantwortlich.

6. Diese Anordnung tritt mit sofortiger Wirkung in Kraft.

Potsdam, den 07.03.1990

i.V. Engelhardt
Generalmajor

Ag 117XLIII-8/113-90

Herausgeber: Ministerium für Nationale Verteidigung

INFORMATION 4/90

informationen

Anregungen für die Arbeit in der Truppe

INFORMATIONEN

Stellung, Rechte und Pflichten der Vertrauensmänner/Sprecher in der Nationalen Volksarmee

„Informationen" 4/90 enthält den Nachdruck einer Ordnung des Ministers für Nationale Verteidigung zu dieser Thematik. Mit dieser militärischen Bestimmung wird dem Anliegen zahlreicher Armeeangehöriger entsprochen, für die Tätigkeit der gewählten Vertrauensmänner/Sprecher die erforderlichen Voraussetzungen zu schaffen und die Zusammenarbeit der Kommandeure mit den gewählten Vertrauensmännern/Sprechern weiter auszuformen.

Die Ordnung sichert bei Wahrung der Prinzipien der militärischen Einzelleitung eine umfassende Interessenvertretung der Soldaten, Unteroffiziere, Fähnriche und Offiziere und damit deren weitere Mitgestaltung der Demokratie in der NVA.

Die Erkenntnisse aus vielen Gesprächen und Beratungen, insbesondere mit Kommandeuren, Vertrauensmännern/Sprechern selbst, haben in den Festlegungen der Ordnung ebenso Eingang gefunden, wie die Auffassungen wissenschaftlicher Einrichtungen der NVA und die Erfahrungen anderer Armeen.

Berücksichtigung fand vor allem auch die Tatsache, daß der Demokratisierungsprozeß in der NVA vorangeschritten und vieles gewachsen ist, was sich im militärischen Leben Tag für Tag bewährt und in großer Vielfalt bei der Interessenfindung und -artikulierung, Interessenvertretung und -durchsetzung zum Ausdruck kommt.

Die Ordnung bildet den Rahmen für die Tätigkeit der Vertrauensmänner/Sprecher. Sie regelt bewußt keine Details, denn niemand an der Basis braucht eine Bevormundung. Sie bietet vielmehr vielfältige Möglichkeiten, eigene Vorstellungen einzubringen und ideenreich die Arbeit der demokratisch legitimierten Interessenvertretungen der Soldaten, Unteroffiziere, Fähnriche und Offiziere weiter zu profilieren.

Die Ordnung trägt vorläufigen Charakter. Damit ist gesichert, daß mit der Einführung einer neuen Wehrgesetzgebung notwendige Veränderungen erfolgen können.

Möglich wäre dann, unter Beachtung neuer Erfahrungen und Erkenntnisse, die Tätigkeit der Interessenvertretungen der Armeeangehörigen auf gesetzlicher Grundlage langfristig zu regeln.

Information 4/90 vom MfNV

MINISTERRAT
DER DEUTSCHEN DEMOKRATISCHEN REPUBLIK
MINISTERIUM FÜR NATIONALE VERTEIDIGUNG

ORDNUNG Nr. 030/9/016

des Ministers für Nationale Verteidigung

über
die Stellung, Rechte und Pflichten der
Vertrauensmänner/Sprecher in der
Nationalen Volksarmee

– Vertrauensmänner-/Sprecherordnung –

vom 19. 03. 1990

---

1. Die Ordnung Nr. 030/9/016 wird erlassen und tritt am 01.04.1990 in Kraft. Sie trägt vorläufigen Charakter und hat Gültigkeit bis auf Widerruf.
2. Diese Ordnung gilt auch für die Angehörigen der Grenztruppen der DDR.
3. Mit der Kontrolle und Durchsetzung dieser Ordnung beauftrage ich alle Chefs, Kommandeure und Leiter.
4. Diese Ordnung ist im AMBl. des MfNV sowie in „Informationen – Anregungen für die Arbeit in der Truppe" zu veröffentlichen.

Hoffmann
Admiral

I. Allgemeine Grundsätze

1. Die Vertrauensmänner/Sprecher sind demokratisch legitimierte Interessenvertreter der Soldaten, Unteroffiziere, Fähnriche und Offiziere der NVA. Sie können in allen Führungsebenen gewählt werden und handeln im Auftrag ihrer Wähler. Als Bindeglied zwischen Unterstellten und Vorgesetzten tragen sie dazu bei, Vertrauen, Kameradschaft, Verantwortung und Autorität zu stärken. Ihre Arbeit vollzieht sich auf der Grundlage einer vertrauensvollen konstruktiven Zusammenarbeit mit den Kommandeuren, Chefs, und Leitern (im weiteren Kommandeure) unter Wahrung des Prinzips der militärischen Einzelleitung.

2. Die Interessenvertretung der Armeeangehörigen wird vor allem wahrgenommen zur
   - Verwirklichung der demokratischen Rechte und Pflichten in allen Tätigkeitsbereichen,
   - Herausbildung vertrauensvoller, kameradschaftlicher sozialer Beziehungen,
   - Durchführung einer effektiven Ausbildung,
   - Vervollkommnung der Organisation des Innendienstes,
   - Lösung von Personal-, Disziplinar- und Eingabenangelegenheiten,
   - Verbesserung der Dienst- und Lebensbedingungen,
   - Überleitung von Armeeangehörigen in eine zivilberufliche Tätigkeit,
   - Freizeitgestaltung in und außerhalb der Kaserne,
   - Beratung und Betreuung von Armeeangehörigen in persönlichen Konfliktsituationen.

3. Die Wahl der Vertrauensmänner/Sprecher erfolgt in den Dienstgradgruppen. Die Interessenvertretung verschiedener Dienstgradgruppen durch einen Vertrauensmann/Sprecher ist möglich.
   Die Vertrauensmänner/Sprecher werden in der Regel für
   - Soldaten/Unteroffiziere in den Kompanien, Bataillonen, Regimentern/Gleichgestellte,
   - Berufsunteroffiziere, Fähnriche und Offiziere in Regimentern/Gleichgestellte sowie in allen Führungsorganen ab Verband aufwärts

   gewählt.
   In den militärischen Lehreinrichtungen, darin eingeschlossen in Lehrgängen, ist analog zu verfahren. Die Vertrauensmänner/Sprecher werden mit einfacher Mehrheit gewählt. Sie können auf Antrag der Wähler abgewählt werden.

4. Der Vertrauensmann/Sprecher darf in seiner Tätigkeit zur Ausübung der Interessenvertretung nicht behindert, benachteiligt oder bevorzugt werden. Er kann seine Tätigkeit während der Dienstzeit durchführen, wenn keine zwingenden dienstlichen Gründe, insbesondere Ausbildungsmaßnahmen, dem entgegenstehen.

5. Die Wahlen und Versammlungen werden außerhalb der täglichen Dienstzeit durchgeführt.

II. Rechte und Pflichten der Vertrauensmänner/Sprecher

6. Die Vertrauensmänner/Sprecher haben das **Recht:**
   - von den Kommandeuren gehört zu werden, ihnen Vorschläge zu unterbreiten und bei deren Lösung mitzuwirken sowie bei Ablehnung ihrer Vorschläge die Begründung zu erfahren,
   - durch die Kommandeure die erforderliche Unterstützung bei der Ausübung ihrer Tätigkeit zu erhalten,

– über grundsätzliche militärische Entscheidungen, die ihren Kompetenzbereich betreffen, unterrichtet zu werden,
– nach Festlegung im Tagesdienstplan Sprechzeiten abzuhalten,
– vor den Entscheidungen der Kommandeure über Belobigungen, Bestrafungen und Beschwerden angehört zu werden,
– ihre Tätigkeit ungehindert ausüben zu können,
– an Beratungen von Vertrauensmännern/Sprechern teilzunehmen,
– ihre Wahlfunktion niederzulegen,
– bei Behinderung, Benachteiligung oder Beeinträchtigung ihrer Tätigkeit beim übergeordneten Kommandeur bzw. beim zuständigen Militärjustizorgan Beschwerde zu führen.

7. Die Vertrauensmänner/Sprecher haben die **Pflicht:**
– ihre Tätigkeit im Interesse der Wähler gewissenhaft zu erfüllen,
– die Armeeangehörigen und Vorgesetzten stets wahrheitsgemäß über ihre Arbeit zu informieren,
– die erforderliche Vertraulichkeit zu wahren,
– sich mit ihrer Tätigkeit betreffenden gesetzlichen und militärischen Bestimmungen, einschließlich den Forderungen des Geheimnisschutzes, vertraut zu machen und auf ihrer Grundlage zu handeln.

III. Pflichten der Kommandeure

8. Die Kommandeure haben die Pflicht:
– die Vertrauensmänner/Sprecher unmittelbar nach ihrer Wahl über ihre Rechte und Pflichten zu informieren und sie bei der Wahrnehmung ihrer Verantwortung zu unterstützen,
– die Vertrauensmänner/Sprecher über grundsätzliche militärische Entscheidungen, die ihren Kompetenzbereich betreffen, zu unterrichten,
– für die Vertrauensmänner/Sprecher die erforderlichen Bedingungen für eine ungehinderte Tätigkeit im Rahmen ihrer festgelegten Rechte zu schaffen,
– die Vertrauensmänner/Sprecher zu hören, ihre Vorschläge entgegenzunehmen, diese mit ihnen zu erörtern, sie in ihrer Entschlußfassung zu berücksichtigen und bei Ablehnung den Vertrauensmännern/Sprechern ihre Entscheidung unter Angabe der Gründe mitzuteilen,
– die Vertrauensmänner/Sprecher vor Entscheidungen über Belobigungen, Bestrafungen und Beschwerden anzuhören,
– den Vertrauensmännern/Sprechern im Tagesdienstablauf Zeit für ihre Tätigkeit einzuräumen und Sprechstunden zu gewährleisten,
– mit den Vertrauensmännern/Sprechern des Verantwortungsbereiches periodisch Beratungen über Angelegenheiten von gemeinsamen Interessen durchzuführen.

NVA/VII/c1/90-088

2509

MINISTERRAT
DER DEUTSCHEN DEMOKRATISCHEN REPUBLIK
MINISTERIUM FÜR ABRÜSTUNG UND VERTEIDIGUNG
Chef des Hauptstabes der NVA

Strausberg, den 16. 07. 1990
Tgb.-Nr.: IE 714 /90

Chef der Landstreitkräfte

Im Artikel 29 des Staatsvertrages DDR - BRD ist die Festlegung enthalten, daß mit Einführung des Staatsvertrages ab 01. 07. 1990 das Bundespersonalvertretungsgesetz im öffentlichen Dienst sinngemäß Anwendung findet. Nach vorliegenden Informationen ist zu erwarten, daß durch den Ministerrat der DDR kurzfristig eine Verordnung zur sinngemäßen Anwendung des Bundespersonalvertretungsgesetzes beschlossen wird.

In dieser Verordnung sollen die Rechte der bisherigen Gewerkschaftsvertretungen in der Übergangszeit bis zur Wahl von Personalräten gesichert werden.

Personalräte und Betriebsgewerkschaftsleitungen, die vor dem 10. 08. 1990 nach demokratischen Grundsätzen von den Dienststellenmitgliedern gewählt worden sind, bleiben bis zum Abschluß der Wahl der neuen Personalvertretung nach der Verordnung des Ministerrates über die sinngemäße Anwendung des Bundespersonalvertretungsgesetzes der BRD, in Ausnahmefällen längstens bis zum 31. 12. 1990, im Amt. Sie nehmen die den Personalräten nach dem Bundespersonalvertretungsgesetz und anderen Gesetzen zustehenden Rechte und Pflichten wahr.

Die Chefs, Kommandeure und Leiter aller Führungsebenen werden gebeten, den gewählten Gewerkschaftsleitungen die erforderlichen Arbeitsbedingungen zu sichern und insbesondere deren Rechte zur Interessenvertretung der Zivilbeschäftigten zu respektieren, so daß das erforderliche Mitwirkungs- und Mitspracherecht der Gewerkschaftsleitungen gewährleistet ist.

Gleichermaßen ist zu veranlassen, daß den hauptamtlichen Mitarbeitern der BGL die Gehälter entsprechend den bisher gültigen Festlegungen bis auf weiteres zu zahlen sind. Es kann davon ausgegangen werden, daß die Personalratswahlen von September bis Ende Dezember dieses Jahres durchgeführt werden.

Gleichzeitig wird mit diesem Schreiben eine BGL-Information mit der Bitte um Auswertung mit den Ihnen unterstellten Armeeangehörigen übersandt.

Ich bitte um Kenntnisnahme und weitere Veranlassung entsprechend Ihrer Zuständigkeit.

Anlage

Grätz
Generalleutnant

NVA XLIII ...

Fernschreiben 418 vom 26.07.1990

Abschrift des FS Nr. 418 vom 26.07.1990

Angesichts der vermehrten Angriffe gegen die NVA in verschiedenen Medien möchte ich Ihnen den Wortlaut eines Schreibens zur Kenntnis geben, das ich am 24.07.1990 an den Ministerpräsidenten der DDR übersandt habe. Ich bitte Sie, vor allem die Berufssoldaten über dessen Inhalt zu informieren.

Ministerpräsidenten der
Deutschen Demokratischen Republik

Herrn
Lothar de Maiziere

Werter Herr Ministerpräsident!

In persönlicher Verantwortung für die Gewährleistung einer geordneten Überführung der NVA in die deutsche Einheit wende ich mich an die Regierung der DDR und erkläre in Übereinstimmung mit Tausenden von Armeeangehörigen:

1. Die Soldaten der NVA haben auch in der Vergangenheit ihren Dienst mit dem Willen und in dem Bewußtsein geleistet, die Interessen des Volkes zu vertreten, zur Erhaltung des Friedens und zur Verhinderung jedweder militärischer Konflikte beizutragen.

2. In Erkenntnis der Notwendigkeit einer grundlegenden Wende in der DDR haben Berufssoldaten, Zeitsoldaten und Wehrpflichtige der NVA im Herbst 1989 jeden Einsatz der Streitkräfte gegen das Volk abgelehnt und bewaffnete Demonstrativhandlungen gegen die Massenaktionen der friedlichen Protestbewegung verhindert.

3. Auch mit der Einleitung einer tiefgreifenden Militärreform und der Aufrechterhaltung militärischer Ordnung und Sicherheit der Objekte unterstützten die Soldaten der NVA die Demokratisierung der politischen Verhältnisse in unserem Lande.

4. Mit Besorgnis stellen die Armeeangehörigen heute fest, daß in der entscheidenden Phase des deutschen Einigungsprozesses die Regierung der DDR keine klare Position zu ihren Streitkräften erkennen läßt.

In allen Situationen der vergangenen Monate haben sich der Chef der NVA und seine Stellvertreter, die Chefs der Teilstreitkräfte und das Offizierskorps sowie der gesamte Personalbestand unserer Streitkräfte immer wieder von dem Grundsatz leiten lassen, daß dem Willen des Volkes und der Erhaltung des Friedens alles andere untergeordnet werden muß.

Wir wollen auch in Zukunft verhindern, daß politische Diskriminierung oder soziale Ausgrenzung, daß Ängste um die Familien oder persönliche Ausweglosigkeit dazu führen, unkontrollierte Handlungen oder gar abenteuerliche Aktionen zu erwägen.
Unsere Sorge vor solchen Möglichkeiten wird verstärkt durch Äußerungen in den Medien, wonach mit dem Zeitpunkt des Beitritts der DDR zur BRD die NVA aufgelöst und Kontingente der Bundeswehr auf dem Territorium der ehemaligen DDR stationiert werden sollen. Ein Berater des Bundeskanzlers soll sogar geäußert haben, in einer gesamtdeutschen Bundeswehr hätten "nur sehr wenige heutige Mitglieder der NVA eine Chance!"

Uns ist klar, daß es nach den Vereinbarungen zwischen Präsidenten Gorbatschow und Bundeskanzler Kohl in einem vereinten Deutschland mit selbstgewählter Bündniszugehörigkeit nur eine Wehrverfassung und nur einen Oberbefehl über sämtliche Streitkräfte geben kann. Wir meinen aber, daß zu diesen Streitkräften des künftigen deutschen Staates auch die Angehörigen der jetzigen NVA gehören. Insbesondere wird sich ein mögliches "Territorialheer Ost" vorwiegend aus Offizieren, Fähnrichen, Unteroffizieren und Soldaten rekrutieren müssen, die heute auf diesem Territorium leben. Das ist auch wegen der europäischen Sicherheitslage und der Existenz der Westgruppe der sowjetischen Streitkräfte auf unserem Territorium erforderlich.

Die Angehörigen der NVA erwarten, daß entsprechende Festlegungen Aufnahme in den Einigungsvertrag DDR - BRD finden. Wir erwarten, daß auch im künftigen Deutschland diejenigen Armeeangehörigen und Zivilbeschäftigten der NVA, die im Verlaufe einer weiteren Reduzierung deutscher Streitkräfte ausscheiden müssen, angemessene Möglichkeiten der Umschulung bzw. der sozialen Sicherstellung erhalten.

Hochachtungsvoll
gez. Hoffmann
Admiral

Prof. Dr. sc. D. Reinhardt O. U., den 31. 07. 1990

Keine Uniform, kein Dienstgrad, keine Rechtssicherheit - keine Arbeit

Wir zivilbeschäftigten Lehrer, die 25 und mehr Jahre aktiv als Offiziere gedient haben, immer nach dem Schwur " ... der DDR, meinem Vaterland, allzeit treu zu dienen und sie auf Befehl der Arbeiter- und Bauern Regierung gegen jeden Feind zu schützen", gelebt und gehandelt haben, in den Herbsttagen 1989 die Interessen des Volkes vertreten, bereit, den Frieden mit der Waffe zu verteidigen, sind nun am 20. Juli 1990 auch noch juristisch ausgegrenzt worden aus dem Bereich der Offiziere der Reserve.

Keiner von uns sprach die Eidesformel:"Ich schwöre, meine ganze Kraft zur Erhaltung des Friedens und zum Schutz der DDR einzusetzen".

Wir waren nicht Wehrdienstverweigerer und Bausoldaten, wir hatten keine kirchlichen Bindungen und christlichen Ambitionen, wir wurden nicht Meßdiener zur 1. Heiligen Kommunion, sondern OS und dann Offiziere einer Armee des Volkes. Wir wählten damit einen notwendigen Beruf und lernten gehorsam.

Wir beendeten unsere aktive Laufbahn, weil wir gehorchten, den Empfehlungen der "Partei- und Staatsführung", die uns soziale Sicherheit versprach.

Brief von Prof. Dr. Reinhardt vom 31.07.1990 an Minister

2

Wir gehorchten, jeden Monat 10 % unserer Gehälter ohne Beschränkung der Höhe nach oben für die "SVK" einzuzahlen, obwohl innerlich viele Widersprüche auftraten, die dann glaubhaft entkräftet und sogar schriftlich formuliert wurden. Ihr, liebe Freunde, sagte man uns, zahlt einen Pflichtbeitrag zur Versorgungsordnung der NVA, die vom Ministerrat beschlossen wurde und keine Sozialversicherung.
Der 1. Staatsvertrag mit der BRD in Vorbereitung auf die Währungs- und Wirtschaftsunion - das Wort Sozialunion möchte ich herausstreichen für unsere Berufsgruppe - brachte uns die Erkenntnis, daß die FZR "geschlossen" wird und sich dann - irgendwann - rentenerhöhend auswirken wird.
Geschlossen wurde für uns die FZR, die eigentlich schon nach 25 Jahren zu war, und geöffnet das bundesdeutsche Steuersystem, bei erhöhten Preisen und gleichen Gehältern. Wir bedauern den Nettodifferenzbetrag von 100 bis 330 DM monatlich sehr, sind aber weit mehr verärgert über die Tatsache, daß wir zu unserer Altersversorgung nach ca 30 Dienstjahren mit etwa 25 - 30.000,- M beigetragen haben, jetzt wieder auf unseren Lohnstreifen RV = Rentenversicherung in nicht unbeträchtlicher Höhe zu stehen haben.
Diese Prozentzahlen sind allerdings eindeutig fixiert und im 1. Staatsvertrag festgelegt. Nicht fixiert im 2. Staatsvertrag ist bisher die Position der Übergaberegierung zu unserer Armee im allgemeinen und unserer OHS in besonderen.

3

Was wird mit uns ZB, wenn eine weitere Reduzierung der Streitkräfte erfolgt?
Juristisch dürfte keinem Lehrer vor dem 31.08.1991 etwas passieren, danach dürfte er sich 2 Jahre umschulen lassen - wenn er jung genug ist.
Was wird aber aus der juristischen Garantie ab Beitrittstermin der DDR nach Artikel 23 zur BRD?
Haben wir ehemaligen Reservisten den Stichtag der Entscheidung, ob wir unter neuer politischen Verhältnissen weiter dienen wollen verschlafen?
Erwartet uns und unsere Familien in unserem Garnisionsort Prora eine ghettoähnliche soziale Ausgrenzung?
Welche Gesetze gelten für uns Hochschullehrer und Wissenschaftliche Mitarbeiter nach dem Beitritt und der Vereinigung oder besser, der Bereinigung der deutschen Armee?
Müssen wir uns der Haager Landkriegsordnung oder den Genfer Abkommen unterwerfen, das am 18.10.1907 im III. Haagener Abkommen über den Beginn von Feindseligkeiten Festlegungen traf?
Feindseligkeiten doch nicht etwa zwischen Bundeswehr und NVA oder BRD und DDR?
Feindseligkeiten doch nicht etwa mit dem Tarifpartner?
Unkenntnis von Soldatengesetz, Beamtengesetz, Beamten- bzw. soldatenversorgungsrechtliche Ansprüche nach dem Alimentationsprinzip sind uns nicht geläufig, Dienstvorgesetzte und übergeordnete

4

Gewerkschaftsfunktionäre blieben bisher stumm.
Wissen sie alle noch, wofür wir ausgebildet wurden und welches Handwerk wir erlernten?
Wissen sie alle noch, wohin persönliche Ausweglosigkeit, Desinteresse, Perspektivlosigkeit führt?
Das kann nicht der Sinn des Soldatseins, der Sinn des Lebens gewesen sein.

Wir fordern Fürsorgepflicht der Dienstherren, Schutzpflicht und festgeschriebene soziale Sicherheit noch vor dem Beitritt zur BRD und der Vereinigung der Armeen Deutschlands, damit nicht illusionäre Vorstellungen eines Herrn Lambsdorff oder Vorabveröffentlichungen der "Welt am Sonntag" Realität werden.

Wir fordern Rechtsstaatlichkeit statt Rache wie sie in der Regierungserklärung des Ministerpräsidenten gefordert wurde.

Verband der Berufssoldaten e.V. Prora, 29.08.1990
Vorstand Offiziershochschule Prora
Kommission Militärreform/Rechtsfragen

Ministerrat der DDR
Minister für Abrüstung und Verteidigung
Herr R. Eppelmann

Vorbehaltserklärung zum Befehl 26/90

Sehr geehrter Herr Minister,

der Befehl 26/90 hat in unserer Dienststelle große Unruhe und Bestürzung ausgelöst, stößt auf Unverständnis und gefährdet den sozialen Frieden zwischen dem Staat und den Zeit- und Berufssoldaten sowie den Zivilbeschäftigten im unmittelbaren Staatsdienst.

Die Wende in der DDR, die durch die Streitkräfte vorbehaltlos mitgetragen und engagiert mitgestaltet wird, führt im Volk und in der Armee zur berechtigten Hoffnung auf Freiheit, Einheit, Demokratie und Rechtsstaatlichkeit.

Mehrheitlich hat die Überzeugung Raum gegriffen, daß diese Hoffnung bei Ihnen, Herr Minister, im angestrengten Wirken unserer Regierung in den besten Händen liegt.

Nach dem Wegfall stalinistischer Machtstrukturen ist der freigewordene Rechtsraum noch nicht ausgefüllt worden, so daß ein gewisser Rechtsnotstand, auch im rechtsstaatlichen Denken, besteht. Deshalb darf es im nationalstaatlichen Prozeß und nach Herstellung der deutschen Einheit kein unterschiedliches Recht geben. Auch das Dienstrecht, mit seinen verfassungsrechtlichen Bestandteilen, ist bei uns erst wiederherzustellen und zum Staatsrecht zu erheben.
Das erfordert Rechtsgleichheit im Dienstrecht, im Soldatenrecht, im Statusrecht, im Versorgungsrecht, im Besoldungsrecht und bei den Beteiligungsrechten. Sie sind zunächst zu erfassen, in einer Gesetzesinitiative zu erlassen, dann schrittweise auszufüllen und an künftig geltendes Recht für Gesamtdeutschland heranzuführen und auszugleichen.
Prämisse ist die gegenwärtige und künftige Lage des Finanzhaushaltes und soziale Gerechtigkeit.

Die Loyalität und Integrität der Streitkräfte ist generell Bestandteil des Dienst- und Treueverhältnisses zwischen Staat und Armee und begründet sich auf das Verfassungsrecht, auf den Diensteid und auf das Dienstverhältnis bzw. Angestellten- oder Arbeitsverhältnis im unmittelbaren Staatsdienst.
Auf der anderen Seite besteht eine Sorgepflicht des Staates, dem Dienstherren, gegenüber den Streitkräften. Die Verantwortung für jeden einzelnen Angehörigen der Streitkräfte kann letztendlich nur auf Regierungsebene liegen.

Vorbehaltserklärung zum Befehl 26/90 vom 29.08.1990

Der Dienstherr der Armee, d.h. aller Pflicht-, Zeit- und Berufssoldaten, ist allein der Staat, d.h. das erste freigewählte Parlament.
Darin eingebunden sind alle Zivilbeschäftigten in den Streitkräften.

Diesem Rechtsverständnis zwischen Staat und Armee entsprach die Neuvereidigung der Armeeangehörigen am 20. Juli 1990.

Zugleich entsprach sie der moralisch-ethischen und juristischen Kategorie des Eides zwischen Soldat und Staat. Die Neuvereidigung ist de facto ein neues Dienstverhältnis.

Diese Dienst- und Treuepflicht gegenüber Volk und Vaterland war jedoch in der deutschen Geschichte nie "einseitige Angelegenheit" des Soldaten, wenn man von wenigen Ausnahmen historischen Unrechtes absieht.
Grundsätzlich haben zivilisierte Nationen die Loyalität und Integrität, die Erfüllung der Dienst- und Treuepflicht und eine langjährige Pflichterfüllung im Dienst angemessen zu würdigen gewußt, auch dann, wenn man den Soldaten nicht "brauchte". Lediglich eine Dienstpflichtverletzung im schweren Fall, Verfassungs-, Treue- oder Gesetzesbruch oder Verstöße gegen Prinzipien des Völkerrechtes, der Menschenwürde oder der Menschlichkeit gelten als Versagungsgrund.

Diesen Anspruch haben auch die Streitkräfte der DDR.

Die Dienst- und Treuepflicht und eine nicht unangemessene oder unbillige Einforderung der Alimentation und Sorgepflicht stellt sich problematisch dar, wenn bereits 1 Monat nach der Neuvereidigung im Befehl 26/90 MfAV ad hoc eine ganze Gruppe von Berufssoldaten p a u s c h a l und z.T. vorzeitig, d.h. vor Erreichung des Mindestdienstalters und von Versorgungsansprüchen, aus dem aktiven Wehrdienst entlassen werden soll.
Dieser juristisch bedenkliche Vorgang im Dienstverhältnis gewinnt noch an Brisanz, wenn berücksichtigt wird, daß dies ohne gesetzliche und verfassungsrechtliche Grundlage, daher auch ohne soziale Sicherheitsgarantie, unmittelbar vor der Einigung beider deutscher Staaten geschieht. Auf den sozialen und menschlichen Aspekt möchte ich nur hinweisen.

Eine notwendige Reduzierung der Streitkräfte im Prozeß der Abrüstung und Umstrukturierung, auch in Vorbereitung der Übernahme von Teilen der NVA in die gesamtdeutsche Bundeswehr, hat ausnahmslos nach rechtsstaatlichen Prinzipien zu erfolgen.

Dazu gehört, daß sie sozial und rechtlich abgefedert ist, daß sie gerecht und angemessen erfolgt, daß Willkür oder eine de facto "Pauschalverurteilung" durch geschlossene Entlassung ganzer Gruppen von Dienstgraden oder Dienststellungen ausgeschlossen sind, allenfalls Suspendierungen vom Dienst vorgenommen werden, daß jeder Einzelfall zu prüfen ist und gesetzlich die Möglichkeit besteht, daß gegen Entscheidungen mehrinstanzlich Rechtsmittel eingelegt werden können.

Nach meiner Auffassung sollte gegenwärtig überhaupt keine außeretatmäßige Entlassung aus dem Dienst-, Angestellten-

oder Arbeitsverhältnis bestehender Dienststellen erfolgen. Eine derartige Entscheidung wäre undemokratisch, gegen das Personalvertretungsgesetz und Soldatengesetz gerichtet,und sollte rechtsstaatlich einer gesamtdeutschen Regierung vorbehalten sein.

Berufssoldaten im unmittelbaren Staatsdienst, auch ohne Soldatengesetz, können nicht willkürlich entlassen werden. Voraussetzung und Diktum dafür ist der rechtskräftige Abschluß eines Disziplinarverfahrens und der Nachweis einer schuldhaften Dienstpflichtverletzung.
Da die Auswahl von Berufssoldaten, d.h. Angehöriger militärischer Berufe im Staatsdienst, nur nach Eignung, Befähigung und fachlicher Leistung vorgenommen werden darf und ein Diensteid geleistet wurde, ist eine Dienstentlassung auf anderem Wege nicht möglich.
Nach Vollendung des 27. Lebensjahres, spätestens jedoch nach dem 15. Dienstjahr, sollte grundsätzlich keine Entlassung mehr erfolgen. Auch eine Umschulung ist in diesem Dienst- und Lebensalter und unter sozial-marktwirtschaftlichen Bedingungen nicht mehr sinnvoll, da eine Chancengleichheit auf dem Arbeitsmarkt nur bis zum 35. Lebensjahr besteht und lediglich ein Dienstverhältnis soziale Sicherheit bietet. Rechtsstaatlich ist auch, daß Angehörige militärischer Berufe im Staatsdienst bis zur Erreichung von Versorgungsansprüchen im Dienst verbleiben und lediglich aus gesundheitlichen Gründen vorzeitig in den Ruhestand versetzt werden können. Ebenso ist eine gesetzliche Vorruhestandsregelung angemessen und sozial gerecht.
Eine langjährige Dienst- und Pflichterfüllung nach dem Selbstlosigkeitsprinzip, ein Dienst für das ganze Volk, läßt keine Bedenken gegen die Rechtmäßigkeit dienstlicher Ansprüche zur Sorgepflicht des Staates zu.

Nicht davon berührt ist die Entlassung von Armeeangehörigen und Zivilbeschäftigten, wenn ein Versagungsgrund lt. Recht und Gesetz vorliegt.

Nicht davon berührt ist das ehrenvolle Ausscheiden von Armeeangehörigen nach Ableistung ihrer Dienstzeit und nach Erlangung gesetzlicher Versorgungsansprüche bzw. Vorruhestandsregelungen.

Berufssoldaten werden weder für ihre Tätigkeit noch für die zu erbringende Dienstzeit oder Leistung bewertet oder bezahlt. Sie und ihre Familien werden durch den Staat unterhalten. Dieser Verantwortung kann sich der Staat nicht entziehen.

Anderenfalls könnte sich eine künftige gesamtdeutsche Regierung, als Rechtsnachfolger der BRD- u n d DDR-Regierung, in einem de jure "einheitlichen Rechtsgebiet" lt. Grundgesetz, einer Flut von Verwaltungs- und Verfassungsgerichtsklagen gegenüber sehen.

Dies hätten wir m.E. nicht nötig.

Mit freundlichem Gruß

Kauffmann
Major

GdAA-Infos

- Gewerkschaftstag der GdAA am 23.06. in Bernau
- Zustimmung zur Schaffung einer geeinten ÖTV und zur engen Kooperation mit der GZB
- Verabschiedung eines offenen Briefes an den Minister für Abrüstung und Verteidigung

Hauptforderungen:

- Festschreibung der Rechtsstellung der Armeeangehörigen durch sinngemäße Anwendung des Soldatengesetzes der BRD unter Beachtung von Besonderheiten der NVA
- demokratische Mitbestimmung des Staatsbürgers in Uniform durch sinngemäße Anwendung des Bundespersonalvertretungsgesetzes in allen Dienststellen der NVA
- gleichberechtigte Mitwirkung aller Interessenvertretungen bei der Vorbereitung und der sozialen Abfederung von Strukturveränderungen und Umschulungen

2 GdAA Infos

2. Rechtsschutz

- Für Mitglieder der GdAA und der GZB, die zum 01.11. in die ÖTV eintreten, gilt von Beginn an der volle Rechtsschutz der ÖTV (sonst erst nach 12 Monaten Beitragszahlung)

Mit dem Monat Juni endet die Möglichkeit der ruhenden Mitgliedschaft.
Daher aktiviert spätestens im Juli Eure Mitgliedschaft, um obengenannten Rechtsschutz in Anspruch nehmen zu können.

3. Dienstleistungen

- Mit dem 2. Juli nimmt das Beamtenheimstättenwerk BHW (Betrieb der ÖTV und des Deutschen Beamtenbundes) auf dem Gebiet der DDR seine Tätigkeit auf.

- Kollege Roland Einert hat beim BHW eine Schulung als Baufinanzberater absolviert, berät kostenlos und vermittelt Dienstleistungen des BHW.

GdAA - Infos

Am 25.06.90 weilte auf Einladung der GdAA das Mitglied des Hauptvorstandes ÖTV / Abtlg. Bundeswehr Hauptmann d. R. Albert Faden und Major Martin Reißmann - Vorsitzender des Hauptvorstandes der GdAA - an unserer Lehreinrichtung.

Höhepunkt des Besuches war die Info - Veranstaltung mit 170 Teilnehmern einschließlich der Nachbardienststellen.

Dank gilt Generalleutnant Seefeldt für die allseitige Unterstützung dieser Maßnahme.

ERGEBNISSE

I. Es wurde die Notwendigkeit erkannt, den Weg zur geeinten ÖTV zu gehen, weil nur darüber die Interessenvertretung und die Tariffähigkeit gesichert ist.

II. Die in der Bundeswehr praktizierte Personalvertretung gewährleistet eine weitestgehende Mitbestimmung und Mitwirkung der AA und ZB am Leben der Dienststellen. Durch sinngemäße Anwendung des Bundespersonalvertretungsgesetzes (BPersVG) in unserer Dienststelle sind ähnliche Strukturen zu schaffen.

Der Unterschied zwischen Gewerkschaftsarbeit und Personalvertretung wurde verstanden und zudem erkannt, daß die Gewerkschaft in der Marktwirtschaft kein Feriendienst und keine Versicherung ist.

III. Durch den Kollegen Faden wurde hervorgehoben, daß die Bildung und Konsolidierung der GdAA ein bedeutendes Ergebnis des Demokratisierungsprozesses in der NVA ist.

IV. Die Ausführungen und die Diskussion machten deutlich, daß eine starke Gewerkschaftsarbeit nicht an einer ruhenden Mitgliedschaft interessiert ist.

Da für Mitglieder der GZB u. GdAA ab 01.11.90 der volle Rechtsschutz der ÖTV gilt, ist zu erwarten, daß die Gewerkschaftsbewegung weiter an Breite gewinnt.

V. Nicht unerheblich – vor uns steht ein großer Lernprozeß und das nicht nur in Fragen der Demokratie.

VI. Die Veranstaltung trug dazu bei, auch Berührungsängste mit Angehörigen der Bundeswehr abzubauen.

GEWERKSCHAFT DER ZIVILBESCHÄFTIGTEN DER NATIONALEN VOLKSARMEE

DEIN INTERESSENVERTRETER OHNE WENN UND ABER

Liebe Kollegin, lieber Kollege!

Die **Gewerkschaft der Zivilbeschäftigten der Nationalen Volksarmee** geht unbeirrt an die demokratische Erneuerung ihrer Gewerkschaftsarbeit.

Grundsatz ist: Die demokratische Erneuerung kann nur gemeinsam vorangebracht werden. Wir brauchen jede **Kollegin** und jeden **Kollegen.**

Wir brauchen die Tatkraft aller.

Was fordert die Gewerkschaft der Zivilbeschäftigten der NVA?

Die Interessenvertretung der Zivilbeschäftigten muß auf eine neue Grundlage gestellt werden.

Unverzichtbar sind dazu folgende Prinzipien:

- Eigenständigkeit und uneingeschränkte Unabhängigkeit
- Umfassende Mitbestimmung
- Eigene Tarifpolitik
- Durchsetzung des Leistungsprinzips
- Finanzielle Selbständigkeit
- Anwendung aller gewerkschaftlichen Kampfformen

Unsere nächsten Ziele

Der **Zentralvorstand** verhandelt zügig und konsequent mit dem **Minister für Nationale Verteidigung** über tarif- und arbeitsrechtliche Regelungen.

Ziel:

- Offenlegung des Lohnfonds und Schaffung tarifrechtlicher Regelungen,
- Zahlung eines zeitweiligen aufgabenbezogenen Zuschlags aus dem Lohnfond der Armeeangehörigen an Zivilbeschäftigte bei Übernahme zusätzlicher Aufgaben in Folge unbesetzter Planstellen von Armeeangehörigen,
- eigenverantwortliche Entscheidung über die Differenzierung des Prämienzeitlohnes in jeder Dienststelle entsprechend der Leistung auf der Grundlage eines einheitlichen Fonds von 400 Mark pro Zivilbeschäftigten,
- differenzierte Neueingruppierung der Arbeitsaufgaben der Transport-, Umschlag- und Lagerfacharbeiter,
- Neugestaltung der Stellenpläne von unten nach oben und eigenverantwortliche Festlegung der Arbeitsaufgaben bei Vorgabe der Eingruppierungsunterlagen und des Grundlohnfonds für die Dienststelle,
- Verringerung des Zentralen Prämienfonds um 0,3 % zugunsten der Erhöhung des Prämienfonds der Dienststelle,
- die Außerkraftsetzung der Zivilbeschäftigtenanordnung,

Info Blatt der Gewerkschaft der Zivilbeschäftigten

- Zahlung eines Überbrückungsgeldes in Höhe der voraussichtlichen Minderung des Nettodurchschnittsverdienstes für die Dauer von 3 Jahren,
- Gewährung eines Ausgleichbetrages im Vorrentenalter bis zu 80 % des bisherigen Nettodurchschnittslohnes – höchstens jedoch 300 Mark pro Monat,
- Einbeziehung der Treuezulage in die Ausgleichszahlung,
- Zahlung eines Einrichtungszuschusses bei Wohnortwechsel von 1000 bis 3000 Mark

Wir treten ein für:

- soziale Sicherheit, Vollbeschäftigung, Garantie des Rechts auf Arbeit, berufliche Förderung sowie fachliche Weiterbildung
- vollen finanziellen Ausgleich für Auswirkungen aus einer veränderten Preis- und Subventionspolitik;
- sichere und umweltfreundliche Arbeitsplätze, Arbeitsstätten, Technologien und Verfahren sowie Vermeidung von Gesundheits-, Arbeits- und Umweltrisiken;
- Gesundheitsförderung durch das betriebliche und örtliche Gesundheitswesens;
- ein neues Urlaubsrecht und einen neuen Urlaubskatalog zum RKV;
- einen wirksamen, sozial gerechten gewerkschaftlichen Fereindienst mit demokratischer Verteilung aller Ferienplätze, auch der in Militärerholungsheimen;
- eine bedarfsgerechte Versorgung der Werktätigen;
- eine einheitliche Rentenversorgung für alle auf der Grundlage der geleisteten Arbeitsjahre und des durchschnittlichen Nettoverdienstes der 10 günstigsten Arbeitsjahre;
- eine umfassende Betreuung der Arbeiterveteranen durch die Dienststelle und den Betrieb.

Unsere nächsten Aufgaben

- Beratung des Entwurfs des Statuts unserer Gewerkschaft in allen Betriebsgewerkschaftsorganisationen und Vorlage des Entwurfs zur Beschlußfassung an die 5. ZDK;
- Durchführung der Gewerkschaftswahlen von der Gruppe bis zum Zentralvorstand;
- Veränderung und Vereinfachung des Organisationaufbaus unserer Gewerkschaft und Verringerung der Anzahl hauptamtlicher Funktionäre.

Liebe Kollegin, Lieber Kollege!

Das alles vollzieht sich nicht im Selbstlauf. Deshalb sind alle Mitglieder zum entschlossenen Handeln aufgerufen.
Wir erwarten Eure Vorschläge und Hinweise.

Gewerkschaft der Zivilbeschäftigten der Nationalen Volksarmee

Zentralvorstand – 1260 Strausberg PF 68 632

VS – NUR FÜR DEN DIENSTGEBRAUCH

3. Panzerdivision
-G1- Az 02-06-01

2150 Buxtehude, 15 Juni 1990
Estetalkaserne
Bw 231
Bw-Kennzahl: 7924, App 201

Verteiler

Befehl Nr. 1
für die Handhabung der Rahmenrichtlinie
"Dienstliche und außerdienstliche Kontakte zwischen
Angehörigen der Bundeswehr und der Nationalen Volksarmee"

Bezug:
1. FS BMVg - Fü S III 1 - vom 271553Z apr 90 (aig 3311)
2. Fschr 3. PzDiv -Chef des Stabes- vom 031500Z may 90
3. Fschr BMVg - Fü H I 3 - vom 031430Z may 90 (aig 3323)
4. Telefax BMVg - Fü H I 3 - Az 02-06-01 vom 29.05.90 Organisatorische Bestimmungen" (nur an Korps/DivKdo)
5. Fschr BMVg - Fü S I 1 - vom 051330Z jun 90 (aig 3311)
6. Fschr WBK II vom 070815Z jun 90 (aig 3362 r)
7. TerrKdo S-H -Chef des Stabes- Befehl Nr. 1 vom 05.06.90 (nur an DivKdo)
8. WBK II - Verbindungsstelle zur 11. (NVA) Mot -Schützendivision- Befehl Nr. 1 vom 30.05.90, Tagebuch-Nr. 2001/90 (nur an DivKdo)

Anlg.: -4-

1. Allgemeines

Die Beziehungen zwischen Bundeswehr und NVA sind offiziell aufgenommen worden. Am 01. Juni 1990 trat die "Rahmenrichtlinie" in Kraft, die die Befehlsgrundlage für die Kontaktaufnahmen bildet.

Ziel ist es, bei den Begegnungen zwischen den Soldaten, Beamten und zivilen Mitarbeitern beider Streitkräfte unsere Vorstellungen über den Staatsbürger in Uniform zu vermitteln, wie es für das Selbstverständnis der Bundeswehr als Armee in der Demokratie gilt.

Nach Möglichkeit sollen viele Einheiten und Dienststellen beteiligt werden, Dauerbesuche und Gegenbesuche zu den selben Einheiten und Dienststellen sollten vermieden werden, da die Breite der Beziehungen von Bedeutung ist.

Mit diesen Kontakten betreten wir Neuland. Die Soldaten der Bundeswehr haben die Gelegenheit, das Zusammenwachsen Deutschlands zu fördern. Das heißt, Begegnungen behutsam ohne Hast und mit diplomatischem Geschick und Fingerspitzengefühl zu planen und durchzuführen.

...

Befehl Nr. 1 für die Handhabung der Rahmenrichtlinie „Dienstliche und außerdienstliche Kontakte zwischen Bundeswehr und NVA" vom 15.06.1990

VS - NUR FÜR DEN DIENSTGEBRAUCH

-2-

2. Zuständigkeiten

a. Für die Bearbeitung der Anträge aller Truppenteile/Dienststellen/einzelner Soldaten der 3. Panzerdivision ist das Divisionskommando -G1- zuständig, das auf dem Dienstwege die Anträge an die Verbindungsstelle (VSt) zur 11. MotSchtzDiv bei Wehrbereichskommando II, Hannover, weiterleitet.

b. Projektoffizier : G1, BwKz: 7924, App 260

Ansprechpartner : S1 Offz InFü, BwKz: 7924, App 201

: S1 Fw InFü, BwKz: 7924, App 258

3. Durchführung

Grundsätze

a. Kontaktwünsche der Truppe im Sinne der Rahmenrichtlinie sind

- Begegnungsfahrten von Einheiten und Verbänden
- Teilnahme einzelner Soldaten, Teileinheiten und Einheiten an dienstlichen Veranstaltungen auf den Gebieten Sport, Kultur und Staatsbürgerlicher Weiterbildung.

Die den Antrag stellende Dienststelle kann wählen, ob sie Gastgeber sein will für eine Dienststelle der NVA oder Gast bei einer Dienststelle der NVA.

b. Verbündete sollen bei den offiziellen Kontakten nicht beteiltigt werden. Ist ein Zusammentreffen von NVA-Soldaten/Verbündete unvermeidlich (z.B. Sportfeste o.ä.),sind diese zu informieren.

Antragsverfahren

a. Kontaktwünsche sind schriftlich (ggf. Fschr) gem. Anlage zu beantragen. Mit einer Antragslaufzeit von mindestens 6 Wochen ist zu rechnen.

b. Die Anträge sind dem Divisionskommando -G1- auf dem Dienstweg vorzulegen. Nach Befürwortung des Antrages leitet DivKdo die Anträge auf dem Dienstweg an die VSt weiter.
Die endgültige Entscheidung über die Genehmigung des Antrages trifft diejenige VSt, die für die Dienststelle des Gastgebers zuständig ist. Hierbei werden auch evtl. Änderungen bzw. Auflagen festgelegt.

c. Die Bekanntgabe der Entscheidung erfolgt auf den Dienstweg; die den Antrag stellende Dienststelle wird nachrichtlich unmittelbar beteiligt.

...

VS - NUR FÜR DEN DIENSTGEBRAUCH

-3-

Maßnahmen nach Antragsgenehmigung

a. Gast und Gastgeber sind mit der Genehmigung des Antrages auf unmittelbare Zusammenarbeit angewiesen.

b. Gast und Gastgeber sind an die Entscheidung/Auflagen der VSt gebunden.

c. Dem Gast wird freigestellt, an welcher Stelle die Innerdeutsche Grenze überschritten wird.

d. Die Standortältesten sind von der gastgebenden Dienststelle über die stattfindenden Besuche zu informieren.

4. Sonstiges

a. Militärische Sicherheit

Nach wie vor gelten die Grundsätze der Militärischen Sicherheit. Militärische Anlagen dürfen betreten werden. Die sicherheitsmäßigen Einschränkungen gemäß Erlaß HA - Abt I/I (3) - Az 06-05 VS-NfD vom 09.05.89 sind anzuwenden. Die zur Gewährleistung des Geheimschutzes erlassenen Vorschriften (wie z.B. ZDv 2/30 und HDV 110/100) sind zu beachten.

b. Dienstreisen

Entgegen der Festlegung in den Abschnitten c. (1) und c. (2) der "Rahmenrichtlinie" vom 27.04.90 ist beabsichtigt, die Teilnahme an Veranstaltungen in Form von Dienstreisen zu regeln. Endgültige Weisungen hierzu folgen und werden als Anlage 5 dieses Befehls nachgereicht.

c. Transport

Unter Beachtung der ZDv 43/2 ist der Einsatz von Dienst-Kfz zulässig.
Der Einsatz von Hubschraubern (jedoch nicht PAH) ist gestattet. Der Mitflug von Angehörigen der NVA richtet sich nach den geltenden Bestimmungen.
Für nach den Rahmenrichtlinien zulässige dienstliche Fahrten können von den Truppenteilen/Dienststellen für Mannschaftstransporte Kraftomnibusse der regionalen Busgesellschaften/Regionalverkehrsgesellschaften angefordert werden.

d. Verwaltungsbestimmungen

Die Anlage 2 "Verwaltungsbestimmungen" der Rahmenrichtlinien wurde in den Ziffern 1., 2., und 4. neu gefaßt. Die nunmehr gültigen Regelungen sind in Anlage 3 dieses Befehls aufgeführt.

...

VS - NUR FÜR DEN DIENSTGEBRAUCH

-4-

e. Erfahrungsbericht

Dienststellenleiter der besuchten Truppenteile bzw. besuchenden Truppenteile legen nach Durchführung des Besuches einen kurzen Erfahrungsbericht gemäß Anlage 4 zur Unterrichtung Divisionskommando -G1- vor.

Der Chef des Stabes

Kammerhoff
Oberst i.G.

27.09.90

NATIONALE VOLKSARMEE O. U., den 27. 09. 1990
OFFIZIERSHOCHSCHULE
"Otto Winzer"
Leiter der Abteilung
für allgemeine Aufgaben Expl.-Nr.:

H a u s m i t t e i l u n g

Nr.: 28/90

1. Nachrichtenverbindungen
2. Auslieferung von Publikationen der Bundeswehr bzw. Veröffentlichungen
3. Festlegungen zur Gewährleistung der reibungslosen Transportsicherstellung im Zuge der Übernahme der NVA durch die Bundeswehr

Zu 1. Nachrichtenverbindungen

a) die Verbindungen im Fernmeldesystem der NVA und die Kurierverbindungen sind bis auf weiteres unverändert zu organisieren und zu betreiben.
Übergänge in das Fernmeldesystem der Bundeswehr sind vorhanden.
Tarnnamen und Tarnzahlen sind ab sofort nicht mehr anzuwenden. Die Übermittlung vertraulicher Informationen ist über technische Nachrichtenmittel nur bis zum Geheimhaltungsgrad Verschlußsache - nur für den Dienstgebrauch (VS-NFD) gestattet.

Zu 2. Auslieferungen von Publikationen der Bundeswehr bzw. Veröffentlichungen

In den nächsten Tagen werden Publikationen der Bundeswehr bzw. in deren Auftrag herausgegebene Veröffentlichungen bis zur Ebene Truppenteil zur Auslieferung gelangen.
Die Materialien erscheinen periodisch und werden durch den Buch- und Zeitschriftenvertrieb Berlin zugeführt.
Es handelt sich dabei um:

Hausmitteilung 28/90 vom 27.09.1990 OHS „Otto Winzer“

- 2 -

"Der Reibert - Das Handbuch für den Soldaten der Bundeswehr"
"Das Grundgesetz - Kommentar für die politische Bildung"
"Das Grundgesetz für die Bundesrepublik Deutschland"
"Heer"
"Bundeswehr aktuell"
"Truppenpraxis"
"Information für die Truppe"
"Soldat und Technik"
"Wehrausbildung".

Zu 3. Festlegungen zur Gewährleistung der reibungslosen Transportsicherstellung im Zuge der Übernahme der NVA durch die Bundeswehr

Auf der Grundlage von Festlegungen des Bundesministers der Verteidigung und getroffener Vereinbarungen des BMVg mit der Deutschen Reichsbahn und der Deutschen Bundesbahn ist die Durchsetzung folgender Regelungen im Bereich der NVA zu gewährleisten:

(1) Mit Wirkung vom 03. 10. 1990, 00.00 Uhr, verlieren alle bisher im Bereich der Deutschen Reichsbahn gültigen Militärfahrkarten und Berechtigungsscheine ihre Gültigkeit.

(2) Mit Wirkung vom 03. 10. 1990 gelten nur für die Grundwehrdienstpflichtigen der ehemaligen NVA die gleichen Fürsorgeleistungen wie für die Grundwehrdienstleistenden der Bundeswehr. Dazu sind in den Einheiten bis zum 02. 10. 1990 die "Militärrückfahrkarten/Familienheimfahrten" auszustellen und an alle Grundwehrdienstpflichtigen auszugeben (Nachweis in der Anlage). Dieser Fahrausweis berechtigt ab 03. 10. 1990 zur beliebig öfteren Benutzung von Reisezügen 2. Klasse zwischen Wohnort und Standort (Abschnitt II nur bei späterer Versetzung oder Wohnortwechsel) und zur Lösung von Fahrausweisen (BW-UFK) auf dem DR- und DB-Streckennetz mit 50 % Ermäßigung. Für die BW-UFK ist die Lösung eines E-, D- und Ex-Zuschlages nicht erforderlich. EC/IC-Zuschläge sind in voller Höhe zu bezahlen.

- 3 -

(3) Für Dienstfahrten nach dem 03. 10. 1990 haben Militärdienstfahrkarten Gültigkeit. Die Ausgabe solcher Militärdienstfahrkarten erfolgt erst, wenn die Sicherstellung durch die Standortverwaltung gewährleistet ist.
Für Dienstfahrten, die über den 03. 10. 1990 hinaus gehen, können aus diesem Grunde keine Militärfahrkarten mehr ausgegeben werden.

(4) Fahrten auf Kur- und Ferienschecks behalten bis zum 31. 12. 1990 ihre Gültigkeit.

i.V. Spieß
Oberstleutnant

DIE WELT